ANGEL : HAPPY FOREVER

天使不受伤

张嵚 著

重庆大学出版社

本书经由四塊玉文化有限公司正式授权，
同意经由重庆大学出版社出版中文简体字版本。
非经书面同意，不得以任何形式任意重制、转载。

版贸核渝字（2011）第75号

图书在版编目(CIP)数据

天使不受伤 /张嵚著. —重庆：重庆大学出版社，2012.1
ISBN 978-7-5624-6346-7

Ⅰ.①天… Ⅱ.①张… Ⅲ.①女性—婚姻—通俗读物
Ⅳ.①C913.13-49

中国版本图书馆CIP数据核字（2011）第191127号

天使不受伤

张 嵚 著
策划编辑：王 斌
责任编辑：敬 京　　版式设计：敬 京
责任校对：刘雯娜　　责任印制：赵 晟
*
重庆大学出版社出版发行
出版人：邓晓益
社址：重庆市沙坪坝区大学城西路21号
邮编：401331
电话：（023）88617183　88617185（中小学）
传真：（023）88617186　88617166
网址：http://www.cqup.com.cn
邮箱：fxk@cqup.com.cn（营销中心）
全国新华书店经销
重庆东南印务有限责任公司
*
开本：890×1240　1/32　印张：6.875　字数：140千
2012年1月第1版　　2012年1月第1次印刷
ISBN 978-7-5624-6346-7　定价：20.00元

本书如有印刷、装订等质量问题，本社负责调换

版权所有，请勿擅自翻印和用本书
制作各类出版物及配套用书，违者必究

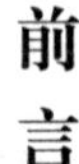

前言

中国古代有句名言："临渊羡鱼，不如退而结网。"其实爱情也一样，每位渴望拥有完美爱情和美满婚姻的女人，与其羡慕别人好姻缘，不如自己先做足准备工作，等到时机来临就能稳稳抓住幸福。几乎所有的爱情剧里，都曾出现这样的场景：天真无邪的少女，对着神明心中默祈祷，祈求上苍赐给她一个优秀的男孩。只是人生毕竟不是戏剧，终究还是生活在现实里，虽然也有风花雪月的浪漫，但更有家长里短的磨合、平凡琐事的折腾，以及鸡毛蒜皮的无奈。酸甜苦辣的现实状况，才是追求美好爱情的真实考验。尽管在一般人的爱情和婚姻中，也有属于自己的甜蜜温情，可是大多数人并不会遇到如言情小说里的浪漫奇缘，更绝对不会拥有像爱情小说般的传奇生活。

只是，当我们面对现实生活时，依然可以充满自信地告诉自己：无论生活给予怎样的考验，我们都有能力拥有美好的爱情；拥有一个在我们眼中完美、可以与我们相互携手偕老的爱人。这样的爱人，上天会安排我们和他相识，但他不是天赐的，而是需要靠自己去争取获得。所以先学会改变，学会在潜移默化的交往中、耳濡目染的熏陶下，将你的爱人改变成自己期待的样子，并成为你梦寐以求的偕老伴侣。

追求真爱，找寻幸福——是无数女孩正在进行的主题。动人的爱情、美满的婚姻，永远不能空等上天的恩赐，而是要靠着身为情感主角的我们用心去经营维护。这本意义特殊的书，内容包含感情生活中有可能出现的一切课题，提供给大家用心思虑、发自真诚的答案。

也许这本书不会成为指引人生道路里闪亮的启明星，但相信它至少是情感海洋里永远不会改变方向的指南针，遥指的彼岸，名字就叫作幸福。这是本书的写作宗旨，也是给予正在阅读此书的朋友们衷心的祝福。现在，就让大家一起进入情感世界浩瀚的海洋，我们会成为那支忠实的路标，在生活的重重迷雾间、在人生一次次的风雨考验面前，牵引你的目光，坚定地指向幸福。这是一场或许奇特，却包容现实；或许曲折，却峰回路转；或许有风雨满天，却更有彩虹耀地；或许曾乌云密布，却最终云开月明的旅行。旅程中，酸甜苦辣交织，然而目的地则是幸福的彼岸。

Contents
目录

3 御人先御己

4 练好内功才能御男有方

5 不战而屈人之兵

6 每个女孩都是天使

1 *one*

好男人都是调教出来的

法国著名女作家玛格丽特·杜拉斯曾有个巧妙的比喻：感情，是一幅绚丽的图画；男人，是一张无瑕的白纸；女人，是世界上最美的画师。那么，人人都能够拥有一幅绚丽的感情画册吗？当然能！关键在于，我们是否能够成为称职的画师。身为画师的我们，在“男人”这张白纸上绘制图案的过程，就是本节所要讲的。而绘画质量，就是能否拥有幸福情感关键的第一步。

在男人这张“白纸”上绘图，看似容易，其实却一点都不简单。就像每个女孩的爱情，也都是截然不同的。因为每个女孩心仪的男人，性格、出身、才华与优缺点，都各有所异。同样地每张绚丽的图画，主题和内容都不同，犹如每个人也有着不同的生活经历，因此终将走向不同的生活道路，唯一相同的，也许是我们会最终到达“幸福”这个目的地。

为了这唯一的相同，在本章里特别精选了十种情况，并把每个人的爱人划分成多种类型，然后针对每一种类型，进行对症下药的剖析。也许其中正巧有符合你的状况，正好能为你提供一支绘制绚丽情感的画笔。

大家不妨将这一章当成是一堂别开生面的美术课！期待课程结束后，我们都能拥有属于自己的美丽人生。

调教有潜力的男人

第一堂“美术课”，“白纸”的名字，指的是有潜力的男人。在这个议题上，首先需要具备一个考验所有女人的素质：眼光。拥有辨识对方才华的眼光，是调教有潜力的男人的第一步。

早期有个著名的民间戏曲《马前泼水》，讲的是一个汉朝的书生朱买臣非常好学，常常为了读书废寝忘食，家里的工作也扔下不管。因此，他的妻子总是嫌他穷、没出息，认定他这样下去永远不会成功。结果，夫妻经常为了这件事吵架不休。几年后，两人选择了离婚。然而就在两人离婚后仅仅一个月，朱买臣就考取了状元，一夜之间飞黄腾达，并逐步晋升为汉武帝身边的重臣，成为世人皆知的青年才俊。

朱买臣的前妻知道后，追悔莫及，主动回来想与朱买臣重修旧好，却被他狠狠地拒绝了。朱买臣故意拿出一盆水往外泼，并说：“你当初不是说我没有出息，不想和我在一起吗？你说过的话就像这盆泼出去的水，现在，你能把泼出去的水收回来吗？”最后，这

对一起生活了数年的患难夫妻，就这样永远地分开了。

直到今天，这则故事依然代代相传，并衍生出一个我们大家都熟知的成语：覆水难收。在现实生活中，这种覆水难收的悲剧，又何尝不是经常发生呢？尤其对于许多刚步出校园、踏入社会的女孩来说，出现这种悲剧的几率特别高。无论在爱情小说或新闻报道中，经常可以听到这样的故事：一对相恋多年、感情甚笃的年轻人，男孩立志创业，满怀壮志地在社会上拼杀，却不断遭到挫折，在承受不住生活的贫困和现实的打击后，女朋友选择了离开他，但就在分手后不久，男孩却终于成功了，而和他分手的女孩不但失去了一个优秀的男人，更失去一段相濡以沫的爱情。上述两个故事，都是与“有潜力的男人”相关的失败案例，但我们却不难发现一个事实，也就是，如果想调教出一个有潜力的男人，就必须具备“发现潜力”的眼光。对于任何女孩来说，具备这样的眼光并不容易，因为通常在女性的性格中，具有冷静思考判断的人并不多，许多女孩往往习惯感情用事，在一段情感历程的关键时刻，常以感性取代了理性，然而这在与“有潜力的男人”交往时，可是一个大忌。

该如何避免这样的情况发生呢？尽管性格的弱点不是每个人都可以改变的，然而最关键的是，作为“有潜力的男人”的另一半，对他的才能和他奋斗的领域，必须要十分了解，如此才能作出正确判断。只是这样仍旧不够，在拥有正确判断的同时，还必须具有对自己本身树立坚定的自信，而这种自信是即使经过了现实生活的考验、历经生活的挫折，哪怕再三失败，也都要努力承受的自信。

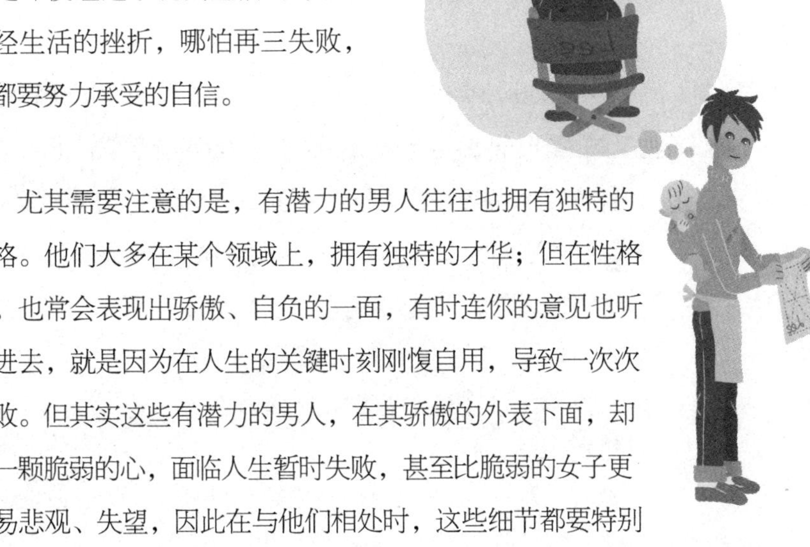

尤其需要注意的是，有潜力的男人往往也拥有独特的性格。他们大多在某个领域上，拥有独特的才华；但在性格上，也常会表现出骄傲、自负的一面，有时连你的意见也听不进去，就是因为在人生的关键时刻刚愎自用，导致一次次失败。但其实这些有潜力的男人，在其骄傲的外表下面，却是一颗脆弱的心，面临人生暂时失败，甚至比脆弱的女子更容易悲观、失望，因此在与他们相处时，这些细节都要特别注意。

国际大导演李安在未成名前，由于一直没有拍片机会，也没有理想的剧本，但却也不想迁就现实，为了拍片而随便接导质量欠缺的影片，更情愿在家中当了六年的“家庭主夫”，负责接送小孩上下学，并负责每日三餐，而家中经济重担则由太太一肩扛起。

在当时世俗人们的眼中，可能会认为李安是个吃软饭的男人，然而导演李安的太太却慧眼独具，相信他在专业领域的无限潜力，也支持他的想法和决定，所以并不在乎外界看法，给予李安极大的

空间与包容，让他在没有压力的环境下，等待好的时机。果然机会来临，事实证明李安导演的潜力果然不同凡响。

1991 年由他所执导的电影《推手》，刚一推出就广受好评，接着他又拍摄出一部部名扬国际的巨片，并获奖无数。由此可知，调教有潜力的男人的过程其实非常辛苦，一个女人必须付出极大的牺牲、隐忍与委屈，才有可能换来一生的幸福，因此在作思想准备时，要坚信“苦尽甘来”这句话。

想调教有潜力的男人：第一，必须要对他有深刻的了解，包括他的性格、能力，这都需要靠与他相处相知；第二，必须知道他的性格弱点，并找出改正弱点的办法，在他遇到困难时，除了守在身边，还要给予安慰鼓励，成为他的精神依靠，不离不弃；第三，你要有承受委屈的准备，这委屈包括世俗不理解的目光、生活暂时的困顿压力，还有他在逆境中偶尔对你的曲解误会。

用自尊赢得“富二代”的真心

如果说调教有潜力的男人，需要女人付出忍耐、牺牲、宽容，那么相较之下，调教“富二代”男人，更需要女人时刻懂得保有自己的自尊，才是成功的关键因素。要了解原因，不妨先对“富二代”男人作个简单的分析。

“富二代”男人虽然有着不同的家庭出身和人生经历，但是相似的家庭背景，也让这群人有许多共通性。具体说来，“富二代”男人出身富贵，生活条件优越，因此在他们平常的待人处事中，经常会不自觉地以自我为中心、凡事多为自己打算，因而容易和另一半发生冲突。

此外，由于“富二代”地位较高，追求者相对较多，所以难免会性情高傲、自尊心极强，在还没遇到真爱的时候，他们很难去珍惜感情，就算对方为他作出再多牺牲，也不懂得感恩。所以，许多女子和“富二代”交往后，到最后都成为“痴情女与薄情郎”的爱情故事，结局也多半以女孩子受伤而告终，这样的例子屡见不鲜。

而在“富二代”男人的性格里，就经常可以发现其狂妄的一面，虽然因为家庭的因素，他们会遗传到父辈许多优点，但是由于成长经历不同，使得他们常常小题大做，很容易和别人发生冲突。加上习惯听到周遭人对自己的阿谀奉承，因此也常遭到小人算计。

不少“富二代”在小事上“阴沟翻船”，根源就在此。看到这些问题，许多人可能会觉得“富二代”实在很难相处，对于这群富家子弟还是敬而远之。尽管“富二代”有不少缺点，但不可否认，他们也拥有许多天生的共通优点：

第一，“富二代”因为家庭条件的优越，在娇生惯养的同时也容易养成豪迈的性格，做事信心十足，对很多事情也勇于“赌一把”，并因此获得成功；

第二，“富二代”在感情上，有时候也有认真的一面，强烈的自尊心要求他们要把事情做到最好，特别是在对心爱的人的物质要求上更是有求必应，所以一旦能够彻底征服他的心，就能得到百依百顺的珍爱、无微不至的体贴关怀，而这对于每个女孩来说，都是梦寐以求的；

第三，虽然有少数“富二代”由于家庭的宠爱，往往让他们在处理很多事情上给人“长不大”的感觉，但却可见其性格上单纯可爱的一面。特别是在对另一半道歉，或是在哄心爱女孩开心时，他们常会做出许多让人莞尔的举动，这将成为爱情生活中的甜蜜回忆。

所以，调教“富二代”男人主要的目的，就是要改掉他的缺点，挖掘和发挥他的优点，让其自私变成自信、多情变成专情、狂妄变成豪迈。而做到这一点的关键，就是要抓住他性格的特点，也就是说“富二代”从不懂得珍惜别人无微不至的关怀，反而在意对自己尊严的挑战，认为得不到的东西才是最好的。因此在与他们交往时，女孩们应维持住自尊，才是调教“富二代”男人的前提。

以下就是一位女性成功调教“富二代”男人的例子，故事女主角塞雷塔婚前是西班牙女记者，她的丈夫则是大名鼎鼎的“欧洲富商”克雷扎。两人认识半年后，塞雷塔对克雷扎坦言自己需要的是可以共度一生的人，她愿意给克雷扎一段时间去思考，如果克雷扎决定从此忠诚于她，她就愿意继续与他交往。经过一个月的时间，克雷扎正式向塞雷塔表达心中爱意，两人从此陷入爱河。在往后的岁月里，每次在克雷扎得意忘形的时候，塞雷塔总是扮演着“泼冷水”的角色，她会用冷静的分析，让克雷扎从狂热中清醒。就这样，塞雷塔不但成为了克雷扎的妻子，更成为他事业上离不开的助手，而之前花心的克雷扎，也从此成为模范丈夫。两人相濡以沫，白头偕老。

塞雷塔的成功之处在于，她十分了解克雷扎的性格特点，首先是让克雷扎见识到自己的才干，消磨他的傲气，之后又给他一段时间冷静，而这正是调教“富二代”男人的奥妙所在。

也就是说，要懂得把握住对方性格的弱点，同时建立起自己的尊严，让他明白自己的尊严不可侵犯。最重要的是，无论在生活或是事业上，都要成为他离不开的人，给予他别人无法取代的东西。所以说，调教“富二代”男人非常需要女人步步为营的心计与高人一等的智慧。

调教“富二代”男人的目的，就是要改掉他的缺点，挖掘和发挥他的优点，让其自私变成自信、多情变成专情、狂妄变成豪迈。而做到这一点的关键，就是要抓住他性格的特点，也就是“富二代”从来就不懂得珍惜别人的关怀，反而在意对自己尊严的挑战，总认为得不到的东西才是最好的。因此在与他们交往时，女孩们应维持住自尊，才是调教“富二代”男人的前提。

不要盲目崇拜有才华的男人

和有才华的男人交往，同样是女孩的重要课题。从表面上看，有才华的男人因为听多了别人对自己的吹捧，往往恃才傲物、自我感觉良好，尤其具有文学涵养的男人，骨子里更有清高顽固的一面，不但对待朋友高傲固执，对待自己所爱的人也是如此。古往今来，有不少女孩因为仰慕才子而嫁给对方，但经过短暂热恋，在生活相处的磨合之中，双方分歧却越来越多，最后导致分手。这样的案例比比皆是。

著名的俄罗斯作家托尔斯泰，一生曾有过五段婚姻，之前四次都以失败告终，因为这四任前妻的共同点，都是由于仰慕他的文采而嫁给他，但随着他的光环渐消，感情也逐渐转淡。而最后陪伴托尔斯泰走完人生旅程的，却是一个根本不爱文学的女子。

同样的例子，也发生在英国著名作家劳伦斯身上。劳伦斯的第一任妻子是跟他学习了六年的学生，在萌生出爱苗之前，两人对彼此都已有深刻的了解，没想到步入婚姻殿堂后，意见反而不断出现落差，最终不仅分手，甚至老死不相往来。究竟是什么原因造成这样的悲剧呢？仔细分析，应该有两个原因：第一，女孩最初认识有才华的男人时，都是因为他横溢的才华而被吸引，对方的缺点都成了优点，但爱情毕竟是短暂的，当回到现实生活，对方的缺点便开始被无限放大，这种极端的结果，就成为双方感情结束的主因；此外，有才华的男人性格中通常都有傲慢的一面，因此若女孩表现出仰慕，他不但不懂得珍惜，还会很容易见异思迁。

如筠是一位天真无邪的女大学生，从小对有才华的男孩就难以抗拒。在一次社团活动中，她认识了很会作词、编曲的男生文俊，被他的才气深深迷恋，尤其之后看到文俊为她作的词曲，更是疯狂爱上了他。由于文俊希望利用自己作的词曲闯出一番事业，于是每天埋头创作，所有的生活琐事都靠如筠打理。每天下课后，如筠就到处兼差打工赚钱，希望能尽快帮文俊圆梦。

只是这些钱只够勉强支付两人的生活费，所以后来如筠不得不辍学，全心全意地努力赚钱。然而在长期相处中，如筠却发现文俊每天不但不会帮忙打扫收拾，而且她晚一点买吃的东西回去，文俊还会大发雷霆；若是创作过程不顺利，或是作品被退稿，他更是乱摔家具或是打狗出气，表现出越来越多的缺点。

但如筠为了珍惜这段感情，决定选择隐忍，默默承受。渐渐地，文俊的事业开始有了起色，收入也较为稳定。如筠开心地以为，两人应该可以考虑结婚一事了，没想到文俊却在此时提出分手，理由是：感情已经变淡了。显然如筠无私的付出、牺牲，在文俊那里一无所获！

那么该如何调教有才华的男人呢？有两种方式：第一，女孩本身也应具有才华，两人才能够互相吸引，而且一旦如此，原本容易恃才傲物的才艺青年，在心爱的女孩面前反而会变得百依百顺，这个例子在南宋女词人李清照身上即可看出，她的丈夫赵明诚，婚前是当地著名的才子，性格狂傲，可是当李清照在他面前展现出优异的诗词才华时，赵明诚立刻成了李清照的粉丝，更成为一位好丈夫，只是这种情况的几率通常较低。

第二种，也是值得推荐的方式是，当你决定和有才华的男人交往，绝不能表现出盲目的崇拜，而应该泰然面对，无论他的成就有

多出色，重要的是，若你没有像他那样的才华，至少也要和他有共同的语言，两人才能在相互探讨中增进感情，进而让他发现自己的不足与缺点，寻求改进的空间，这才是正确而有效的调教方法。

调教有才华的男人有两种方式：第一，女孩本身也应具有才华，两人才能够互相吸引，而且会让原本恃才傲物的才艺青年，在心爱的女孩面前变得百依百顺；第二，对他不能表现出盲目的崇拜，而是应该泰然面对，无论他的成就有多出色，倘若你没有像他那样的才华，至少也要和他有共同的语言，两人才能在相互探讨中增进感情。

以柔克刚对待倔强的男人

遇上个性倔强的男人，有时候也要花一番心思调教。

有句俗话形容一个人脾气倔强，“九头驴都拉不回来”。意思是与脾气倔强的人交往，最是麻烦！明明错的是他，却又坚决不认错；他的说法无理，却偏偏要另一半听他的；对方分明是为了他好才好言相劝，他却不领情。

所以这种性格的男人，经常会成为婚姻破裂的导火线，不但伤害了爱他的人也往往伤害了自己。根据一项民调显示：台北市已婚女性中，患有忧郁症的病人，一半以上都是因为丈夫的坏脾气导致时常争吵。因此，让脾气不好的男人改掉他的坏脾气，不仅是为了女性情感幸福的需求，也是身心健康的需要。

许多女性在对待坏脾气的另一半时，往往采取极端做法，有的是动不动就和对方大吵大闹，结果适得其反，让自己爱人的脾气变得更暴躁。有的则是采取规劝、隐忍的方法，只是长久下来，反而助长了男性的倔脾气，一发起火来就肆无忌惮，闹得全家鸡犬不宁。两种方式最后都是到了忍无可忍时，再以离婚收场，所以其实

都是错误的。

曾经听过一个故事，女主角阿芳嫁了一个脾气倔强的老公阿成，两人意见经常不合，所以争吵也从没停过，这让阿芳相当苦恼。直到有一天，阿芳的一位好朋友劝她，与其整天这样吵，不如顺着他的意思，试着不理会，不要阻止。

没过多久，阿成果然又自作主张，非要买一支自己认为稳赚的股票，而这次阿芳便听从朋友的建议，选择了不插手。阿成如愿买下股票，却在金融风暴中赔得血本无归，直到这时候，他才明白自己一意孤行所犯下的错误，并从此之后改掉了倔强不听劝的毛病，开始懂得遇到事情要多与阿芳商量。

阿芳事后回想，虽然损失了不少金钱，却换来了一个好老公，这个买卖还是值得的。而其实真正改变阿成的，并不是这支股票，而是阿芳用了“欲擒故纵”的方法。

调教脾气倔强的男人时，应该牢记一句话：以柔克刚。也就是说，在他发起倔脾气时，千万不要硬碰硬，而是好言相劝，先消除他心中的火气，再就事论事、循循善诱，分析他的缺点，让他认识到自己的错。接着再将话锋一转，告诉他因倔强带来的伤害，他的心中自然会产生内疚，大多数男人也会因此而道歉。假以时日，男人的倔脾气就会在一次次调教下，变得容易沟通。

用理智化解脾气急躁的男人

脾气急躁和脾气倔强的特点看似相近，但却有不同之处。脾气倔强的男人，和另一半之间往往是“持久战”；脾气急躁的男人则容易与另一半发生“遭遇战”。在知名婚恋杂志《女友》的调查问卷里，有一个问题是：你最不愿意和什么样的男人一起生活？结果，“脾气急躁的男人”以百分之四十的比例排名第一位。

许多女孩都深受脾气急躁的男人之苦，因为脾气急躁，所以他们常是没有任何理由地乱发脾气，而且不但脾气火暴，连生气的方式都非常直接，说话更是尖酸刻薄，经常冲口说出一些伤人的话。不过他们本人却常常发完脾气之后全忘记了，但是造成的结果，就是刺痛了别人，最后也伤害了自己。

脾气急躁的男人往往心直口快，但直来直往的个性，从正面思考，其优点就是在和这样的男人相处时，较不容易被欺骗，只要他爱你，就会全心全意付出，而这对许多女性来说，无疑是最渴望的。只是，这男人虽然能百分之百地待你，但又不时伤害着你，确

实也让人非常难受。难道鱼和熊掌真的不能兼得吗？当然能，但关键在于必须先学会调教他。

在和脾气急躁的男人交往时，如果和他以吵对吵，结果注定是火上加油，让原本的小冲突，演变成水火不容的争吵，所以，必须要学会忍耐，并学会在对方发脾气的时候，用理智的态度化解其怒火。不过即使通过理性沟通软化了他的火气，甚至让他道歉，要他改掉这个毛病却是难上加难。因为对于他来说，火气是一种习惯，而不是一种原因，因此必须从“治本”做起。

所谓的“治本”，就是要对症下药，找到对方脾气暴躁的症结。例如，一个男人的脾气犹如一块有棱有角的石头，磨平这个石头的方式，是让它在时间的流逝中历经风吹日晒，慢慢变得圆润光滑，而并不是用重锤砸下，产生更多的棱角。可见得，要改变男人暴躁的脾气，最重要的就是给他一个祥和的环境、温馨的生活，通过日积月累的相处，来改变对方的性情。

大华生长在一个单亲家庭，母亲在他四岁时就过世了，而父亲由于长年在外经商，因此大华从小就是个留守儿童，感受不到家庭温暖。大华为了隐藏心中的自卑，在校时他就像个刺猬处处防着别人，要不就暴粗口或是拳脚相向，吓得同学纷纷疏远他，他变得更孤独了。

大华之前虽然交过一个女友小丽，但是这个女孩从小娇生惯养，习惯了接受别人的服侍，而个性直来直往的大华却不吃这一套，所以在一起没多久，两人就因个性不合经常争吵，最后分手。

直到大华遇见了乐观开朗的小芳，两人因为性格的差异而互相吸引。小芳的家庭状况与大华正好相反，她的家庭平凡却和乐，父母虽是忙碌的上班族，却很用心经营与家人的相处，每天晚餐全家都会尽量到齐，并利用这段时间分享在外一整天的喜怒哀乐；假日时，全家也常一同到郊外踏青或运动，享受亲子时光。

小芳在得知大华的身世后，常常带大华回家吃饭，让他感受家中和谐的氛围与良好互动。虽然一开始大华因自卑作祟，认为小芳故意让他在她家人面前难堪，常常无端乱发脾气，但由于小芳深知大华不悦的真正原因，所以总是带领着他正面思考，加上她一再用爱与体贴包容，果然经过了一段时间，大华的脸上渐渐露出了笑容。每当火气上来时一想到小芳，不满的情绪就平息了下来，而且不但越来越懂得掌控自己的脾气，更学会如何与其他人和平共处。

其实众所周知，男女双方的相爱也许会一见钟情，但是两人的相濡以沫，却需要长期生活中性格、气质等各方面的相互影响。所以，一个女孩最重要的，就是要用自己的脾气影响男孩，给予他快乐、温馨的环境，他才能在潜移默化之中学会冷静与温顺。

对付脾气急躁的男人，还有个真实的案例：前法国总理克里蒙梭在担任议员时，便以脾气暴躁著称，无论是在工作还是生活中，都经常和人吵架，也因此获得了“狮子”的封号。克里蒙梭的前两次婚姻都因为他的坏脾气而以失败告终，直到他四十三岁那年，遇到了第三任妻子卡洛儿。

让人吃惊的是，这次婚后的克里蒙梭成了一个和气的人，不再轻易与人起冲突。在被问起原因时，克里蒙梭把功劳归功给妻子。原来，卡洛儿在和克里蒙梭结婚后，从来没争吵过，每次克里蒙梭发脾气的时候，卡洛儿都好言相劝，但若是他大发雷霆时，卡洛儿则会以冲咖啡的方式，转移克里蒙梭的注意力，让他的脾气平和下来，日子一久，克里蒙梭的性格也就此变得温顺了。

调教脾气暴躁的男人除了需要用温和的态度，以及对他生活悉心的照料，更要营造一个温馨的环境，让他在潜移默化之中学会冷静与温顺。

对待懒惰男人需循序渐进

如果说脾气暴躁的男人是急性子的话；懒惰的男人就属于慢性子。急性子容易带给女孩强烈的伤害，而慢性子给女孩带来的伤害，却是日积月累的，这也会让女孩头疼，甚至郁闷。

懒惰的男人有可能是在事业上的懒散，不求上进；也可能是在家庭生活中，对于家中大小事务全都不管，让另一半忙前忙后；而最可怕的一种，就是两者兼而有之。在这三种懒惰的类型里，前两种会让女孩感到郁闷，最后一种则会让人愤怒。

懒惰说穿了也是一种习惯，男人懒惰的方式都不相同，造成的原因也不一样。例如在事业上懒惰的男人，通常是因为对工作没有热情、贪图安逸，但是有这类缺点的男人，却往往对家庭生活格外用心，甚至会主动分担家务。反之，在生活家务上懒惰的男人，则对于工作格外卖力。“鱼与熊掌不可兼得”，因此面对这两种男人，虽然不免让人生气，但是他们却也有可爱的地方。所以，都还在能够容忍的范围之中。

而最令人无法容忍的，则是在事业与家庭上都不用心、也不愿意付出的懒惰男。这种男人不但会带给女性非常沉重的劳动负担，还会引起生活中的一连串琐事矛盾。因此与懒惰的男人相处，虽然不至于发生大的冲突，不过小矛盾却也少不了，天天都吵吵闹闹。最后往往是，两个人的感情在日积月累的争吵中渐渐淡漠。

在职场上一直给人“女强人”形象的晓玫，就是一个活生生的例子。年过三十好几仍未找到适合对象的她，是大家口中的败犬，但其实她在大学时代谈过一段恋爱，由于不美好的经历，才会让她至今都不敢再谈感情。

晓玫当时交往的是大他一届的学长，外表文质彬彬、斯文有礼，周边朋友都相当看好他们的发展，晓玫也对知书达理的学长十分满意。就在交往半年左右，两人的互动越来越频繁，晓玫却发现，就要毕业的学长，不但对于自己将来的出路毫无想法，对于生活上的琐事也漠不关心。在他出租屋处的角落，总是堆了满坑满谷的脏衣服，书桌旁也是散落一地的书籍，以及一团团擦过鼻涕的卫生纸，这对有洁癖的晓玫来说，简直是难以忍受。

刚开始晓玫还会试着帮学长整理居家环境，希望可以慢慢改变他，就这样过了一段不算短的时间，对方的卫生习惯不但没有改善，居然还能优哉地在一旁继续上网打游戏，对于晓玫的打扫整理都无动于衷。最后晓玫终于因为受不了学长温吞的个性与脏乱的生活习惯，而决定与对方分手。

面对这样懒惰的男人，晓玫的态度很坚决，就是选择离开他。但是通常一段感情如果走了很长的时间，绝对有其珍贵之处，很难轻易放弃。所以若想悉心呵护这段感情，绝不能以放纵男人的懒惰为代价，因此帮助心爱男人改掉懒惰的毛病，才是正确做法。

有一句俗话说得好："江山易改，本性难移"，相对于脾气暴躁、倔强等毛病，懒惰的个性往往出于男人的天性，想要改变并不如想象中容易。但如何改变呢？最重要的，首先，是利用男人性格上的弱点，即性格上的优点，在交往时，就要表现出你"强势"的一面，对于他的许多行为，都必须带有强制性，让他在日常生活中，能够慢慢习惯听你的话，接着你就可以采取循序渐进的方法，先从小事情入手，督促他平日的行为，在日积月累的进步中，一点一点改变他。其次，在强硬的同时，别忘了也要有温柔的一面，就是在发觉他有进步的时候，主动表扬他，给他鼓励和肯定。这样一来，就能在交往的同时，渐渐让男人把勤劳当成一种习惯。

美国前总统里根曾是一个懒惰的人，这个恶习来自于长期的生活习惯。婚前对家务活毫无兴趣，在工作上也避重就轻、贪图安逸，可以说是个超级大懒虫，但当他遇到后来的妻子南希后，情况

开始改变了。两人相恋后，南希让里根先从小事入手，每天帮忙清理家里的花园，如果做得好，就会制作美食给予奖励。渐渐地，里根变得越来越勤快。多年后，已经是总统的里根，回想年轻时的懒惰，依然心存感激地说："是妻子南希改变了我。"想做一个让懒惰男人感激的女孩吗？不妨试一下吧。

通常懒惰的天性，都和男人的性格息息相关，这样的男人性格上也较慵懒，说得好听一点，就是好脾气，所以当你和他吵闹，他多半不会随之起舞，却依然我行我素，而这样的行为，令人想吵也不是，放纵也不是。许多感情的淡薄，甚至分离，都是因为如此。所以，对付他们最好的办法，就是软硬兼施来改变他的习惯。

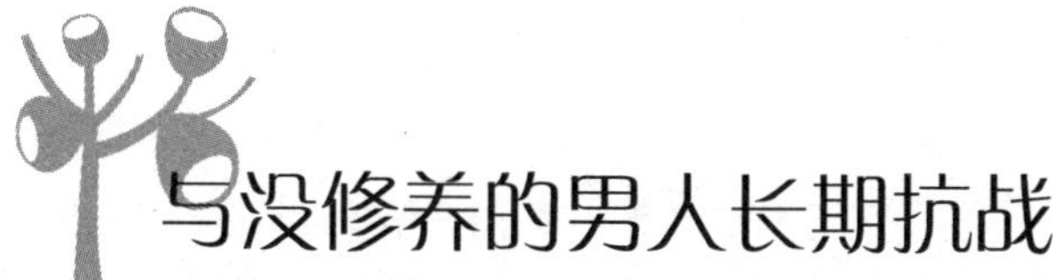

与没修养的男人长期抗战

相较于上述不同男性的种种缺点，缺乏修养，更是让许多女孩无法接受的毛病。如果说和懒惰的男人相处，天天都会生气；那么和没有修养的男人相处，则是不知道什么时候会生气。

没有修养的男人，在日常生活中随时可发现很多缺点，例如说话口无遮拦、生活邋遢、不修边幅……不过最让人生气的，应该是为人处世没有教养，像毫无公德心，凡事都能和人争吵，甚至待人接物完全不懂得礼貌等行为。

像这样的男人，不仅在平日生活相处就会摩擦不断，与他出席同事或朋友聚会时，也常常因为他的举止不慎，而让你感到丢脸，特别是带他去见长辈的时候，由于表现欠佳，还会令你的亲友们反对你们继续来往。

小张和小雨在交往一段时间后，小张常会有意无意提到对于未来的规划，不过由于小张个性较急，只要一言不和，就很容易将三

字经脱口而出，甚至与人发生肢体上的冲突，令小雨感到相当困扰，也是导致她迟迟不敢步入婚姻殿堂的原因之一。

某次正好碰上小雨母亲五十岁寿诞，家里准备宴请亲朋好友庆祝一番，小雨特别带了小张出席，想让大家有机会互相认识，顺便帮她鉴定小张是否是合适的结婚对象。没想到宴席才开始，小张还没有等到主人就位，便自顾自地夹了菜就吃，倒了酒就自己猛喝，期间更是高谈阔论，完全不顾及主人与其他在场宾客的感受。而且谈到的话题若与他的意见相左，他也不在乎对方是谁，拉开嗓门就与对方极力争辩，吃饱后还大大方方地剔起牙来，让小雨的父母看了频频摇头。当然接下来，两人的恋情因此而告吹。

然而，这类没有修养的男人却常将自己的行为合理化。他们会找到各种理由来解释自己的行为，例如说自己是率真，或把争吵的缘由推诿到客观原因上，总之绝对不会自我反省，就算想耐心和他理论，有时候他的理由比你还多。只是，一旦放手不管，放任自由的结果却是让他变本加厉。虽然没有修养的男人也许不算坏人，但却因为其脱序的行为举止，很难让人对他有好印象，所以如何使他变得有修养，就成了重要任务。

首先搞清楚他没有修养的原因。一个人缺少修养，原因可能来自多方面，比如生活环境的关系，如果他出生在一个不重视修养的家庭，难免会养成这样的毛病。

也有可能是生活经历或者工作经历的因素，让原本很有修养的他，因为受到旁人和工作环境的影响，变得不讲理，也不重视待人接物的基本礼貌；或有可能是他交友不慎，受到周边朋友处事态度的影响，在耳濡目染下让他变得没有修养。因此，一定要先明白状况，才能对症下药。

但是该怎么对症下药呢？如果他是因为生活经历和家庭关系造成，那么你不妨先“以身作则”，即在各个场合中利用一切机会，告诉他修养的重要性，并从自己的言行出发，去影响他的行为。例如若与长辈聚餐时，就可以提醒他要等长辈都就座，且对方举起筷子开始用餐时，晚辈才可以动筷。

若是工作环境的问题，你则不妨试着了解他的工作环境，多和他交流有关工作中的心得，然后顺水推舟，引申到日常的修养话题中去，甚至还可以拿他身边的朋友作例子、激励他，让他在激将中学会怎样培养自己的修养。比如说大家开会的时候，如果有主管在场，就算再不服气他的作风或质疑他的能力，都不应该在其他同仁面前让主管难堪，在职场中还是要有基本的尊

重，等主管说完话再婉转提出建言。

在有长辈的场合，举手投足、用字遣词则要得宜，不要急着抢话讲，或是飙出三字经，这才是尊重别人与尊重自己的做法。而倘若是因交友不慎，你就应该果断作出决定，限制他与不良朋友继续来往，也许会因此让你和他产生误解，甚至争吵，但是必须让他明白，一切都是为了他好。

调教没有修养的男人，必须抱着“长期抗战”的心态，因为这将是艰巨且长期的工作，所以女孩们应该要有心理准备。如果你认为自己做不到，离开他或许会是最好的选择，否则到最后痛苦的就是自己。

让男人找回自信心

男人若没有自信，同样是一件令女孩头痛的事情，而且可能常让你感到生气。大家都知道，女孩子最需要安全感，所以都是希望交往的对象能够让自己倚靠。但是没有自信的男人，在这一点上却是严重的不合格，不但无法为女孩带来安全感，有时甚至需要对方为自己提供安全感。

这种男人在生活中最常见的表现，就是很容易悲观，只要遇到一点小挫折，就唉声叹气，认为一切都失去希望，即便眼前出现了机会，他也会悲观地看待，不相信自己有能力来抓住机会。对于生活中的小事，甚至和自己不相关的事情，他也很容易触景伤情，感叹自己的遭遇。所以女孩若和没有自信的男人在一起，不但常会感到他的怯懦悲伤，甚至也会受到影响，让原本的好心情变得糟糕，就算不一定会天天令你生气，但却会让你几乎无时无刻，都在“哀其不幸，怒其不争”。

那么，该如何改变一个没有自信的男人呢？其实还是要先了解

他没有自信的原因，通常他们有两种情况：一种是从小就不优秀，常受到批评与挫折，因此变得唯唯诺诺，没有信心；另一种则是曾经非常有自信，却由于生活上的挫败，信心遭到严重的打击，转而变成没有自信。所以你需要先清楚他是属于哪一种状况，才能解开他的心结。

以第一种情况来说，你可以从日常生活中的鼓励开始，哪怕只有一点点进步、一些微末的成绩，都要尽可能鼓励他；在他选择做任何事情的时候给他支持，甚至当他面对人生中重要的决定时，也鼓励他自己作决定，一步步帮他培养出自信心，不过要一段时间后，才能让他逐渐建立起信心。而第二种人，都曾有过非常骄傲自负的过去，却在一次挫折中自信心被打击殆尽，需要的是利用激将法。这种男人因为已经听过太多鼓励，早就不相信了好话了，所以说再多都只会适得其反。然而在他的潜意识里虽然失去了信心，却还保留着曾经拥有的骄傲与自尊，因此最好的办法就是借由别人的例子激发他、批评他，才能让他重拾信心。

NBA著名球星凯文·波特在高中时篮球才华并不出众，曾经历过多次失败，因此非常缺乏信心。尽管如此，女友罗琳仍选择支持他，每天都会陪他一起练球，哪怕只是多投中一个球，她都会给予大大的赞美，就这样一步一步地建立起了他的信心。

后来凯文·波特成了NBA著名的球星，但一次巨大的伤病，却让他面临告别职业篮球员生涯的威胁。这次，罗琳依然不离不弃地支持他，不过她没有采取鼓励的方式，而是将凯文·波特狠狠地骂了一顿，给予他当头棒喝。罗琳的怒吼，让凯文·波特终于清醒，重返战场。在凯文·波特的故事里，就包括两种男人没有自信的状况，相信大家看完后，都有所收获。

改变没有自信的男人要先了解他没有自信的原因，一种是从小就不优秀，常受到批评与挫折，因此变得唯唯诺诺，没有信心。另一种则是曾经非常有自信，却因生活上的挫败，信心遭到严重的打击而变成缺乏信心。所以要先清楚他的状况，才能帮忙解开心结。

找出男人不务实的原因

男人没有自信不是好事，但是太有自信也不值得高兴。因为太自信的人若不是显现出骄傲的气势，就是不务实。而碰到不务实的男人，也常让许多女孩感到非常纠结。

在此前提到男人的种种缺点时，若有任一缺点无法改变，我们很容易就会燃起离开他的念头，偏偏不务实的男人，会让人很难作出这个决定。因为这种男人多半拥有远大的理想，和他初识时，他都会用三寸不烂之舌，勾勒出一幅两人未来的美好蓝图，深深地吸引着年轻的你。

等到真正开始交往，甚至了解日益加深的时候，你才会慢慢感觉到他的想法多么不切实际，而且都是无法实现的幻影。

但是若真的要离开他，却又很难舍弃以往和他在一起的种种浪漫记忆，因为多数不务实的男人都非常浪漫。只是不离开他，放任他不务实的后果，就是看着自己的未来以及所有的憧憬，像肥皂泡在时光流逝的过程中一点一滴不断破灭。

所以，既然无法割舍和他的感情，那么就只能好好调教这个不务实的男人了。第一步，就是确定他不务实主要出现在哪一方面，通常来说多半在于他对未来生活规划的不切实际；不然就是他有一个根本不可能实现的理想；或是他的理想也许可以实现，却采取了错误的方式。总之无论哪一种情况，都需要加以正视。

如果他的理想根本不可能实现，那么你就应该直接告诉他：你的理想太不切实际！或许这样很残酷，却是唯一的办法。因为当一个男人沉浸在不切实际的幻想中，就好像人陷入了泥沼一样无法自拔，在这种情况下，任何劝导都不可能有用，所以只能拼命把他拉回到生活的正轨。

而若这个男人选择的是可以实现的理想，却采取了错误的方式时，你就可以采取循循善诱的方法，引导他回归到现实生活。

第一种情况的案例，香港《文汇报》就曾报道过一则新闻，某位男性看过电影《赌神》后，幻想自己也可以在赌场上一夜致富，所以日日沉迷于赌场。他的妻子心急如焚，在劝说无效的情况下，想出了一个办法。某天，赌徒的妻子告诉他，因为家中的钱都被他赌光了，所以她把家里的家当都卖了，而且准备让孩子退学。男人

一听吓坏了，发誓再也不赌。事后才知道，妻子只是撒谎骗他，目的是让他知道沉溺于赌博的严重后果。而受到这当头棒喝，男人果然改变了不务实的毛病。

遇到不务实的男人，无论是当头棒喝还是循循善诱，关键都在于先确定他的问题所在：是他对未来生活规划的不切实际；还是有一个根本不可能实现的理想；抑或是他的理想也许可以实现，却采取了错误的方式。

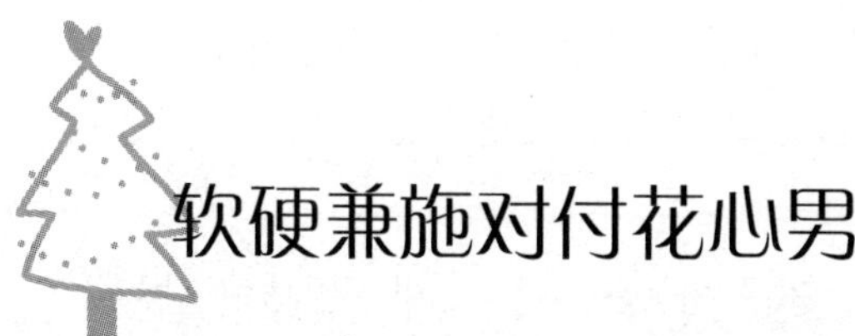

软硬兼施对付花心男

前面说了这么多不同的男人缺点，但若是问女性最痛恨的是哪一种，答案绝对是花心。

花心的男人不论在哪里都很可恶，他明明已经接受了你的感情、确立了关系，但却是“吃着碗里，看在锅里”，还想着和别的女性暧昧，一有机会就对其他女性大献殷勤，相信任何女孩都无法忍受，所以一定会和他争吵，甚至想办法管他，但是结果往往防不胜防，甚至激怒他，让他更为变本加厉，直到感情无法走下去。

也有女孩对花心的另一半采取放任方式，对他在外面所做的一切不闻不问，但这样，缺少管束的他不仅会肆无忌惮地在外花心，最后还可能和别人的感情“生米煮成熟饭”，到头来受伤的还是自己。

纵然花心的男人让人恨得牙痒痒的，然而也有可爱的一面，例如他们非常懂得如何讨女孩子的欢心，尽管短暂交往也能让你深深地被吸引。

他们也很会关心别人，即使是在因为他的花心导致双方关系变冷淡时，他无微不至的关怀，有时候也能成功挽回女性的心。而且花心男的家庭条件大多不错，甚至是事业上的成功者，所以，大多数女孩面对他们，心里恐怕只有四个字：又爱又恨。

只是到底是爱比恨多，还是恨比爱多呢？如果不想结束这段感情，你一定会希望爱越来越多、恨越来越少，因此为了达到这个目的，就要学会调教花心男，才有办法改变他。

不过男人之所以花心，是因为他们既有强烈的优越感，还有强烈的占有欲，前者让他们以为所有的女孩对自己的仰慕，都是理所当然，因此不必特别珍惜。后者，让他们看到漂亮的女孩就会见一个爱一个。所以，调教花心的男人就要针对这两个特点，软硬兼施。

在软的做法上，要让他感觉到你这份爱是多么的不可或缺，而且你在某方面有着无法被取代的优点，才能让他不能割舍。即使他偶尔偷吃，相较之后还是感觉你才是最好，而这就需要从他的性格入手，让他对你产生依恋。

至于在硬的方面，一旦发现花心男人又有拈花惹草的念头，就要第一时间点破，断了他的念想。因为花心男的心动往往是在一念之间，但是有念头却未必会付诸行动，所以此时就得快刀斩乱麻。在软硬兼施的做法下，绝对可以改变他花心的毛病，心里只容得下你一个人。

有这样一个案例：一位名叫小吕的男生，一直改不掉花心的习惯，曾创造同时和六个女孩恋爱的记录，直到遇到了晓云。晓云外表很文静，也不像其他女孩那样爱妒忌，但在调教花心男人方面，她却很有一套。首先，针对小吕经常利用时间差和不同女孩约会的毛病，晓云会经常不经意地出现在小吕的面前，特别是当小吕与别的女孩在一起时。另外，对于小吕平时一些小细节，像相处时候身上衣服穿得不对，也能让晓云看出端倪。然而在日常相处中，晓云却很照顾小吕的生活，无论洗衣、做饭，都打理得井井有条，一段日子下来，小吕发现自己再也离不开晓云了，也就专心一意地与她一个人交往。

像晓云这样略带心机的监管，加上无微不至的照顾，因此而成功地调教了一个花心男。想拴住花心的男人吗？不妨从这个例子中学学吧。

男人花心是因为他们既有强烈的优越感，还有强烈的占有欲，前者让他们以为所有的女孩都仰慕自己，因此不必特别珍惜。后者则是看到漂亮的女孩就会见一个爱一个。所以调教花心的男人，就要针对这两个特点进行软硬兼施。

2 two

见招拆招之女孩防心术

在感情上，女孩的心一旦被掳获，其实就意味着你恋爱了，也表示在经过对方各种追求方式后，你将自己托付给他。只是，那个男人真的是值得托付终身的人吗？

大家常会用“痴情女与薄情郎”比喻女孩在付出真感情后，却遭到抛弃和欺骗。这句话的关键词分别是“痴情女”和“薄情郎”，其实是说，感情上受伤害的往往是女孩，伤害别人的常常是男孩。所谓的伤害，就是伤了对方的心。世上没有哪一种伤害，比你真心去爱一个人，却遭到他的欺骗更痛苦了。

这种痛苦，是因为对方用尽各种方式掩饰真面目，成功地让你真心爱上他，但当他得到你的感情后，却不再珍惜，甚至违背当初的承诺。你逐渐发现自己深爱的这个人，他的一切都不是初识时的面貌，对他认识越深，失望越大，只因心中有感情仍努力想维系这份恋情。到头来，你付出的努力越多，受到的伤害也越大，最后则是彻底的失望，心灵遭到最沉重的打击。更糟的是，再怎么努力都无法挽回他的心。而这样的例子，在感情故事中实在太多了。

因此，要成为一个幸福的女孩就得避免这种伤害，而前提就是不要轻易付出真心。必须先完全了解对方，知道他每项行动背后所隐藏的自己，才可放心地让他得到你的心。一个男人在掳获女孩真心的过程，就是他们的攻心术；女孩则是在仔细观察这个男人的同时作出正确判断，这过程就是女孩的防心术。而这攻防之间，就是本章主要阐述的内容。

为什么受伤的总是你

二十年前，林志颖曾唱过一首《为什么受伤的总是我》，歌曲红到不行，主要是其中有几句歌词，特别能引起听众共鸣，比如："为什么受伤的总是我，我究竟做错了什么？"相信，这首歌的歌词不仅是一句感叹，更道出曾在感情里受过创伤的朋友们的心声。

著名的情感热线节目星星直播台，根据2009年的来电访问统计：表示自己曾在感情中受伤的听众中，女性占了将近80%。这不仅说明男性对情伤的承受力比女性强，也可看出，女性多半是在感情中受伤的一方。值得注意的是，在听众来电的内容里，情伤的女性最常说："他怎么会变成这个样？""他原来不是这样的。""我好怀念刚认识的时候，他真的对我很好。"

这些感叹都透露出一个讯息：刚陷入感情世界时，男人往往通过精心的伪装、道貌岸然的外表，成功吸引了女孩，之后当他慢慢露出真面目，伪装和实际状况落差逐渐加大时，女孩也在了解现实的过程中，因日益感到失望而受到伤害，一旦伤害到达极致，分手也就无可避免。

而在男人对女孩的伤害里，有两种不同的形式，一种是有心的伤害，也就是男人在一开始谈感情，就抱定不想负责任的心态，用各种伪装来欺骗女孩，当得到她的人之后却不再珍惜，继续游戏人间，最后导致感情破裂。

另一种无心的伤害，则更让人扼腕：刚开始男女双方都是以认真的态度交往，男孩也是真心地想和女孩白头偕老，但两人却非常不合适，为了弥补这样的差异，男孩虽然以善意出发，从刚认识时就伪装自己成为女孩喜欢的模样，并且顺利展开恋情，然而随着感情的加深，慢慢暴露出两个人之间的“不合适”，即使双方都作了种种努力，全心想挽救这段感情，却仍无法走在一起，对双方都造成了伤害。

由于父亲早逝，母亲靠着打零工为生，在家中经济状况不佳的情况下，建华很早就进入社会工作，为了不让人家知道他对自己的出身感到自卑，早熟的他很早就学会抽烟、喝酒，借以掩饰他空虚的内心。在一次朋友的聚会中，他认识了还在念书的小惠。外表清纯、带点生涩的小惠一出现，立即吸引了建华的目光。

而小惠则是有着优渥的身世背景，从小就被当成是家中公主的她，因为厌倦了家人对她的呵护，一直想找机会出来看看外面的世界，才会吵着好友说要参与这次活动。而当她一看到建华充满男性魅力又略带忧郁的模样，心中不禁产生了一丝好感。

在友人的撮合下，两人顺利展开交往。建华知道小惠的家教甚严，本身也相当重视礼节，为了配合她，刚开始建华总是忍住烟瘾，并做到滴酒不碰。交往大约三个月后，建华再也忍不住了，从当着小惠烟酒不沾，到后来偶尔会在她面前小酌或抽几根烟。小惠第一次看到这种状况，心中虽然有些震惊，却因为基于礼貌还会客气地劝建华戒掉，建华也勉强接受。又经过了约一两个月，双方都已经忍到临界点，虽然彼此都仍深爱对方，但双方却也都不愿再过着压抑本性的生活继续这段恋情，最后双方终究因无法再走下去而宣告分手。

通常在这种情况下受伤的女孩，回忆起这段感情时都会说："他其实是一个好人。"言下之意就是对方并非是有心的伤害，导致感情无法挽回，而是因为一开始善意的谎言与伪装，才导致感情的结束。这种例子，从古至今比比皆是。

香港女作家梁凤仪在爱情小说《花帜》中，曾说过："敷衍的开始，最终会换来痛入骨髓的结局。"对于大多数的爱情来说，是一句至理名言。所谓"敷衍的开始"意味着在感情开始时，双方都对彼此缺少真实的了解，特别是女孩对男孩的认识更少。

而感情中的"敷衍"，就是男人开始恋爱时采用"攻心术"，迷惑了女孩的心，才会让许多女孩在热恋阶段，为了拥有爱情而不顾一切。但在此要提醒大家，务必睁大眼睛看清对方，否则当激情燃烧得越猛烈，爱情基础反而坍塌得越快。

男人对女孩造成的伤害，一种是有心的伤害，这种男人在一开始谈感情就不想负责任，用尽各种手段欺骗，得到女孩后就不再珍惜，继续游戏人间。另一种属于无心的伤害。两人明明不合适，男孩却仍努力将自己伪装成为女孩喜欢的模样，然而随着恋情加深，"不合适"状况也越加明显，即使经过种种努力，终究无法走在一起。

男人的承诺值多少钱

在所有感情的“攻心术”中，“承诺”是男人最常用的方式。

中国人常说“一诺千金”，但是在男人与女人之间的承诺上，往往没有这样的价值。几年前台湾曾有一则新闻：一个失恋的女孩拿着账本去找前男友，并将他告上法院，理由是前男友在和她交往的五年里，总共作了132个大小承诺，却只兑现了十分之一。

其他的要不是忘记，就是不愿实现，特别是结婚的承诺！光在这些年里，这位前男友至少承诺过十几次会结婚，却没有一次成真。

女孩认为，既然承诺是认真的，那么没有兑现就应给予她经济上的赔偿。最后事情虽然因法院拒绝受理而宣告结束，但是事件本身却引起社会上热烈的讨论。

东森电视台还曾经为此做了一次网络调查：男人的承诺到底值

多少钱？结果，有60%的参与者一致认为，根本是一文不值！

这个案例也许过于特别，却也显示有相当多的情侣都要面对的现实，那就是男人的承诺究竟是否可信呢？太多的时候，恋人之间的承诺往往是因毁约结束，而毁约的主角绝大多数都是男方。

但是即使如此，还是常有女人被男人的承诺欺骗，每当男人信誓旦旦地作出承诺的时候，女人往往都会被感动。在承诺无法兑现之后，才后悔莫及。大家也都认为，在感情上男人是理性动物，女人是感性动物。而感性和理性的区别，就是感性的女人容易过度相信男人。在这一点上，让女人受到很大的伤害。

虽然如此，许多女孩还是很喜欢愿意作出承诺的男人，若承诺时越郑重，女孩就越高兴；赌咒发誓的力度越大，女孩就越开心，然而承诺能否实现，却又是一个问题了。

多数善于攻心的男人，特别喜欢针对未来提出承诺，例如将来有一天会给女孩多么富足的生活、会带女孩周游世界等，只是这些承诺都与现实有段距离，兑现的日子也很遥远，因此说了既能哄女孩开心，自己也不用立即承担任何责任，只是女孩受到的欺骗，也就从此开始。

有个成语“金屋藏娇”，但该典故的真实意义和现代人理解的非常不同。其真实故事是说当年的皇子刘彻，因为很想当上太子，而他知道父皇与其亲姐姐感情很深，若有了姑姑的支持，自己就一定能当上太子，因此便设法去讨好姑姑的女儿，也就是表姐陈阿娇。

当时刘彻对陈阿娇承诺，如果他有一天当上皇帝，就会建造一个大屋子，让阿娇在里面过着富足快乐的生活。在现代生活中，许多男人也会给女孩作出类似的承诺，比如说自己将来有了钱，就要给女孩多么奢华的生活，添购高级的珠宝礼物，许多女孩也因此被打动。

但是“金屋藏娇”故事的结果，却是刘彻在和陈阿娇结婚后，他果然如愿在陈阿娇母亲的支持下成为太子，并顺利登上了皇位，但是成为帝王的刘彻，完全将自己对妻子的承诺抛诸脑后，生活荒淫好色，宠爱其他妃子，冷落帮助他登上皇位的陈阿娇。

陈阿娇不但只有独守空房，最后还被刘彻找借口废除皇后身份。晚年的陈阿娇就在冷宫中郁郁而终，而司马相如著名的爱情诗《长门赋》，就是咏叹这一段悲伤的感情。

虽然这则故事发生在遥远的古代，但是对现代也同样具有重要意义。现代人在感情中受伤害时，有时也会比喻说，这又是一个现代版的“陈阿娇”。类似的例子，其实在我们周遭都曾发生过。

香港凤凰卫视的《冷暖人生》节目，曾经做过一个新闻专题——“爱承诺的爱情骗子”，说的是一个男人，凭借着自己英俊的外表和花言巧语，游走在有钱的女人中间，不但骗色更欺骗女人的钱财。他最常用的手段， 就是假装说要融资入股，让和他恋爱的女人为他投资，并且承诺说一旦利益分红，所有的钱都是她的。

这样的手段让这个男人诈骗了至少上百万的财富。但是当他落网时，他却钻法律漏洞，拿出自己和这些女性交往期间的往来书信，证明所有钱财均非诈骗得来，而是对方自愿“赠送”，最后竟然打赢了官司。

这则新闻在当时引起轩然大波，节目主持人在片尾时也意味深长地说：“男人的承诺，有时候不但不值钱，相反还会让女人倒贴钱，甚至损失感情。”所以对于男人的承诺，女孩千万不要被迷惑，因为承诺的内容越郑重、兑现的时间越遥远，都说明这个承诺是很难实现的。

可见了解一个男人不该只相信他的承诺，应该先对他有全方位的认识，而且是理性的了解，包括透过他身边的朋友、共事的同事了解，这些都是建立信任前必备的工作。

从这些爱给承诺的男人中，不难看到其共同点：第一，这些承诺往往都离现实生活比较远，他们常会利用遥不可及的事情作出承诺；第二，他们都很会利用花言巧语骗取女孩的信任；第三，他们都很细心，对女孩的关怀无微不至，使女孩很快就死心塌地。

花言巧语的男人都不可靠吗

我们阅读言情小说或者看爱情影片，最常见的模式化情节就是：经常欺骗女孩子的男人，大多善于花言巧语。

在现实生活中，这样的例子确实也很多，只是在情感受骗的新闻中，访问到这些受骗的女孩，她们在检讨自己的失误时，总不免说“我当初就是被他的花言巧语欺骗了”等类似的话。

长久以来，花言巧语的男人靠不住，似乎是大家对于感情问题上普遍的共识。然而事情也未必都是绝对的。例如享有“21世纪最感人电影”美誉之一的意大利电影《美丽人生》，讲述的故事就是关于一个善于花言巧语的好男人。

故事男主角基多，是一位出身贫寒但言谈幽默的犹太族书店老板，有一天，他邂逅了美丽的拉丁语教师多拉，对她一见钟情，后来他凭着幽默的言谈，得到了多拉的好感，两人很快坠入了爱河。不过多拉的朋友却对基多很不满意，认为他花言巧语，是个不让人放心的男人。

虽然基多不被看好，但后来当这个家庭出现灾难时，他却挺身而出，表现出坚韧且值得托付的一面。

当时纳粹德国占领了他们所在的小镇，基多一家被强制关押进集中营，在漫长的监禁生活中，为了不让妻子和孩子受到伤害，基多一面悉心照料妻子，一面在危难时保护他们。特别珍贵的是，每逢妻子因为生活困难而心情低落，基多总用幽默的言辞鼓励妻子，让她的心情好起来。在基多这种“花言巧语”下，一家人度过了艰难的岁月，并最终迎接到和平时光的来临。

这部电影最值得一提的是，情节并非虚构，而是取材自意大利作家卡西莫雷写的《我的父亲》一书，在这个家庭中的孩子正是卡西莫雷本人。他用自己亲眼所见，回忆父母亲相濡以沫的生活。

所以在这个真实的故事里，让人不得不对“花言巧语”的男人刮目相看。

其实花言巧语的男人应该分为两类：一类是指“舌灿莲花、金玉其外”的男人，他们唯一凭借的就是那张嘴，什么事都能说得天花乱坠，却没有任何实际能力，这种男人是不可能给女人安全感，也更不可能给一段稳定的感情和生活的；

另一种花言巧语的男人，则是属于豁达的男人，开朗幽默是他们的外表，而真正出色的，在于他们宽广的胸怀和坚韧的精神。这一类男性往往极具忍耐力和承受力，在一段感情中，不但能承担起自己的责任，还会主动替另一半扛起责任。

无论多么艰苦的局面，都会以幽默来替代痛苦，并及时给对方信心。当风雨过后、生活开始出现彩虹，他们的花言巧语，更能为生活锦上添花。

淑玲是一位上班族，由于曾在感情上受过伤，之后对于感情便采取回避态度，将全部的时间与精力都投入工作中，直到遇到了一个很会“花言巧语”的新同事徐帆。

平常，徐帆就常以幽默的语言化解工作压力，在淑玲工作遭到挫折时，也总会在第一时间安慰她，甚至和她一起分担压力。例如淑玲若是受到上司责怪，徐帆就会说：“老板是担心你工作能力强过他，才会给你下马威的，其实他一定得靠你才撑得起这个公司的业务。”这样适时又不着痕迹的正面肯定，总是让淑玲宽心不少。

时间久了，两个人的关系越来越紧密，徐帆的用心让淑玲感动不已，开始慢慢卸下心防。在长达两年时间的接触里，徐帆不仅在生活上给予无微不至的照顾，言谈中也善用“花言巧语”关心着淑玲，总算打开她封闭已久的感情世界。两人在最后共组了美满的家庭。

从这个例子即可看出，花言巧语的男人未必不可靠，关键是，如何发现他的真正本质。

作为一个女孩，不但要学会辨识花言巧语的男人，并懂得从花言巧语的外表下，去了解这个男人的内心，看他究竟是仅靠一张能言善道的嘴去讨你欢心，还是一个开朗豁达、不惧怕生活压力磨难，能够给予安全感的好男人。有时候仅仅凭借着“花言巧语”的印象，就盲目地拒绝别人，很可能会与真正的好男人擦肩而过。

走近你的男人都有目的

英国著名小说《哈利波特》的作者罗琳，在回忆自己早年感情生活时，曾经感叹："任何试图走进你心中的男人，都有其目的。"这句话，值得所有的女孩警惕。有句俗话"害人之心不可有，防人之心不可无。"放在感情生活中，后面这句话是绝对必要的。身为女孩，特别是拥有优秀条件的女性，一直都是许多男人心仪的对象，这原本应该是一件好事，但对女性而言，生活的陷阱也正因此而出现。

所以罗琳在上一句话之后，又补充说："做女孩，要学会像深海里的贝壳，把自己紧紧地包裹起来。”这句话看似有些极端，然而着眼于许多女孩的现实生活，却很有意义。

台湾女心理学家金韵蓉在论文《男人的心理》中，就曾分析过：“任何男人对女人都是有目的的，假如男人是和一个漂亮的女人交往，那么他们一定都怀着不同目的。有人想把女人发展成情人；有人是想认真地开始一场爱情；也有人是想贪图女孩的家庭背景和财富。没有一个男人会怀着很单纯的愿望，去和女人建立一种纯粹的友谊。特别是那些主动去接近女人的男人，用一切手段去和女人靠拢，甚至取悦女人的男人。”论文中还特别提到“所有的女人面对献殷勤的男人，都应该明白中国的一句古话：无事献殷勤，非奸即盗”。

有一位“独身主义”的上班族女性，说出自己曾经历的事情：在她进入职场后，由于工作关系，与九位男性互动较为频繁。之前她一直相信，男女之间除了爱情，也可以有纯友谊，所以对待关系较好的男人，都以朋友之道相处。但是在接下来的几年里，这九个男人都先后对她提出各种要求。其中有两位，想与她发展婚外情，还有一位则是想和她发生一夜情。而其余的六个人，则在不同场合利用各种机会，对她提出想成为恋人的要求。最后这位女性不禁感叹：“每个男人接近你都是有目的的，没有目的的男人，只在童话里才有。”

其实男人有目的地接近你，有时未必是坏事。新加坡言情作家张悦然的小说《影印店》中，有这样一则故事：一个在影印店工作的女孩，邂逅了一个经常来印东西的男孩，每次都带来许多文件。当她帮男孩打印时，男孩总会找机会与她天南地北地闲聊。

渐渐地，两人越来越熟悉，她也因此了解到男孩艰辛的家世，以及他对创作孜孜不倦的精神，对男孩由衷地欣赏，最后他们终于成为一对恋人。而在两人坠入情网后，女孩有一次到男孩家，却发现了一大堆影印的文件。原来，男孩当时就是为了刻意接近女孩，才故意去店里影印的。得知真相后，女孩笑着假装怪男孩说："这下我可被你骗到手了。"

从这则故事可以看出，男孩有目的地接近女孩，有时未必是一种麻烦，相反的可能是一种缘分。那么，要如何将麻烦变成缘分呢？关键在于，女孩在应对这类问题时，要有良好的心理准备，就是对想接近你的男人要有全盘了解。弄清楚他的目的、他的为人，重点就是以"细节决定成败"。一个男人的素质，经常会表露在一些小事上，透过仔细的观察，就可以了解对方的为人。

所以，当一个男人有意接近你的时候，先不要慌乱，也不要轻易让他接近，必须时时刻刻保持礼貌上的"若即若离"，也就是在交往过程中保持适当距离，再利用这段距离来观察对方，弄清楚他真正的目的。

例如，当对方约你吃饭或去唱歌时，绝不要轻易答应，可以找借口推脱，再看对方的反应。若对方和你寒暄甚至靠近时，也要保持一种礼貌性的热情。只有这样，才能在发现男人不怀好意时，较有把握地摆脱他的纠缠。一旦真正遇到值得托付的男人时，也才能“近水楼台先得月”。

《哈利波特》作者罗琳曾说：“任何企图接近你的男人都是有目的的。”这世界上没有无缘无故的爱和恨，特别是在生活和职场上，优秀的女孩很容易就成为众多男人追逐的目标。其实男人有目的并不可怕， 关键是他有什么目的。有些目的是善意的，有些却是不怀好意，因此，需要女孩用心去辨别。

世上没有可以百分百放心的男人

女人在恋爱议题上，相当重视“安全感”，几乎所有女人都希望能找到一个让自己放心的男人。在不少访谈节目中，受访的妻子们在谈到另一半的时候，最常说的就是“他是一个可以完全让我放心的男人。”但是，这样的男人真的存在吗?

其实，世上本来就没有绝对的事物，男人也都有缺点，无可挑剔的男人只存在神话中。既然有缺点，就会存在着让人不放心的因素。这一点，女人们必须要认清。

在感情生活中，男人让人不放心的因素有很多，其中一点就是“脆弱”。事实上，看起来越是坚强的男人，心中隐藏的脆弱也就越深，而爆发出来的程度也越强烈，一旦爆发，很有可能就此一蹶不振。

其次是抵抗诱惑的能力，人都有贪欲，差别在于贪欲大小而已，特别是每个人都有自己的喜恶，如果别人正投其所好，就很容易被利用、中圈套。最重要的一点，则是任何人都需要受到监督，特别是男人。男人一旦失去监督，就意味着失去了束缚。这样的后果，往往是女性所始料未及的。

许多结婚已经超过十年，最终却走向离婚的夫妻，在回顾离婚原因时，特别是女方，都会懊悔自己对另一半的“放纵”。有对结婚四十年的夫妇，先生是朝九晚五的公务员，偶尔才会出个差。平时不抽烟、不喝酒，唯一的娱乐就是到朋友家打打小牌，生活作息都很正常。太太则是标准的家庭主妇，每天都把家里收拾得井然有序，等着先生下班来共进晚餐。在结婚的这么多年里，两人每年都会出国或在国内旅游。他们在人前恩爱的表现以及夫唱妇随的形象深入人心，一直是人人称羡的模范夫妻。

没想到，丈夫最后却被发现死在情人的家里。消息传出时，所有认识他们的人都不敢置信，妻子更是惊讶到完全崩溃，只是喃喃地说：“谈恋爱的时候，他一直都让我非常放心，我以为他绝对不会做出对不起我的事，所以听到有人说他闲话时，我也不放在心上，更不曾多问。”

事后太太仔细回想，其实有很多蛛丝马迹都显示先生不太对劲。例如他每次都临时才说要出差两三天。但她都不曾进一步询问，去哪里出差？住哪家饭店？有没有其他同事同行？，等等。当

先生说要到朋友家打牌，她也都没有表示想一同前往，或问一下去哪个朋友家？即便有朋友告知，好像在某饭店看到先生与其他女人进出，这位太太仍坚定地说："不可能，你看错了！"所以等到东窗事发，才会让她如此错愕、悔不当初。

这则故事足够让所有的女人警觉，社会的诱惑非常多，特别是男人面对的诱惑和挑战，常是女人无法想象的。在一个家庭里，男人承担的责任往往比女人大得多，特别是在工作上。责任越大，遭遇的陷阱也越大，有些时候就会犯下对不起另一半的错误。而要避免错误，就需要靠女人在平时的监管，以及在错误发生后的补救。

英国现代言情女作家德雷福斯有一部经典的中篇小说《怕》，故事情节是讲述一位政府公务员，在一次应酬中喝多了酒，与女服务生发生了关系，事后两人成了情人，但他非常担心妻子知道这件事情。女服务生发现了这一点，就以要把事情公布于众为由，不停向他索取金钱，导致他几乎崩溃。幸好妻子察觉到了蛛丝马迹，出面找到丈夫的情人，告诉她自己原谅了丈夫，要女服务生打消如意算盘。另一方面，妻子主动约了丈夫进行深谈，坦言已经知道他的过去，让他作出选择。由于妻子的宽容感动了丈夫，最后丈夫悬崖勒马，使得这个家庭又重新恢复和谐。

其实在生活中，男人犯错不是一件奇怪的事，重要的是该如何防微杜渐，阻止男人犯错。其次在男人犯了错误该怎么做？有些妻子在这方面的手段很巧妙，例如当男人出席社交活动时，只要活动允许，她们一定会和丈夫一同出席，向外宣示主权；若丈夫必须出差在外，则一定要经常打电话或者发短信，保持对男人的监督。

这样的用心良苦，就是要让丈夫对妻子始终保有一丝敬畏的感觉，每当在要犯错误的关口，就会感到有一双来自妻子的眼睛，正在背后盯着他，只有这样才能减少男人犯错的几率。

遇到男人犯错，先了解犯错后的他是否知道悔改；而这样的错误是累犯还是一时糊涂。若是屡教不改的错误，女人就应该毫不犹豫地和他分开。如果只是一时糊涂，就当成是警戒他的机会。有时候男人犯错，也可以当成女人监管男人的方法。用一个错误，换来男人日后的百依百顺，也算是一种明智的做法。

不要轻易交出自己的心

在“防心术”中最重要的一条，就是面对男人的攻心术时，绝不要轻易交出自己的心。

男人之所以能得到女孩的芳心，关键就在于他们对女孩采取的讨好方式，能够打动对方，具体说来，方法大概有如下几种：一种是刻意营造浪漫气氛，让女孩沉浸其中，进而成为男人感情的俘虏；

还有一种是投女孩的所好，赠送贴心的小礼物，让女孩在感动的同时，不自觉地付出真心；

第三种则是利用女孩在生活中或其家庭经历上的一些情况，对症下药加以讨好，就能顺利打动对方。这三种方式都是女孩在“防心术”中，需要特别防范的举动。

女孩想要找到一个合适的男孩，首先得清楚自己想找哪种类型的男孩，对方应该至少具有哪些基本的标准。例如，人品要好、值得托付。其次，他是真心真意对待你。再者，对方要有正当工作，足以提供你衣食无虞的生活条件。最重要的则是，你们两人的个性必须适合。

当男人在追求你时，就是了解他是否拥有这些品质的最好时机。因为从他们追求你的过程，即可观察到他展示出来的优点和缺点，所以要懂得从他的行为细节去分析这个人。只有在你对他完全了解透彻，才能决定是否要接受他。

法国女影星克里斯蒂娜就是一个很好的例子，她在2004 年柏林电影节中，获得最佳新人奖，当时只有二十二岁的克里斯蒂娜，一时间声名大噪，追求者趋之若鹜，尤其是一位法国富豪之子，对克里斯蒂娜展开了疯狂的追求，不但隔三岔五就送她礼物，也经常开着豪华名车载着她四处兜风，所有人都十分羡慕克里斯蒂娜。

但就在两人交往期间，克里斯蒂娜发现了这个男人一些毛病。例如每次开车时，他总是旁若无人地打手机；购物时，他出手阔绰，也喜欢吹嘘自己的财富。经过仔细的思考，克里斯蒂娜决定和他断绝往来，当时几乎所有她身边的朋友，都无法理解她的做法。

然而就在分手后不久，这个男人随即与其他女性交往，并且因

为始乱终弃而闹出了乱子。

此时，大家才发现克里斯蒂娜看人的眼光非常准确。曾有人问她是如何看出来的，克里斯蒂娜回答："从那些他和我交往时的很多小细节，就可以察觉他不仅表现欲太强，而且目中无人，这样的人根本就不适合我。"

无独有偶，在台湾也有一个真实故事：卓雅是一个二十三岁的高山族女孩，一次带着自己新认识的男朋友回家过年，男朋友是念生物系的学生，一向以温文尔雅示人，对卓雅百般追求。

但就在陪卓雅回家的这段时间，她却发现了这个男人的真面目：他经常陪着卓雅一起上山打猎，但在每次打到猎物后，都会用残忍的手法捕抓猎物，想取悦卓雅。回来后，卓雅毫不犹豫地和这个男人分手。当朋友问起原因，卓雅回答："他对待动物都这么残忍，证明这个人的本质是非常凶残的，和这样的人在一起生活，是不会有幸福的。"

事情果然被卓雅说中，之后这个男人谈过几个女友，都因为性格不合分手，他甚至因为向女友施暴而被起诉。由此可见，透过小事情来发现男人的本质，对于女孩有多重要。

这些例子都说明了，一个女孩在付出真心前，必须经过慎重的考虑，特别是要了解这个男人的本性。有一项资料也很有趣，德国的《镜报》在2001 年时，曾针对恋爱中的男女做过一项调查，主题是“你和男朋友从认识到接吻，用了多久的时间？”六年后，《镜报》再次做调查，看看当年接受调查的情侣们，有多少对还在一起。

结果显示，当年答案填写交往时间越长才接吻的，感情相对稳固；反之，感情也就越不平顺。所以说，经过慎重思考才付出真心，是多么重要的事。

暧昧不等于爱情

在感情交往中，时常会有“暧昧”的状况，这对于女孩来说，是非常危险的。许多女孩都会有这种误解，把暧昧当成一种感情。就是当她遇到一个男人的时候，虽然两个人的互动已经很亲密，却从来没有对外确立过爱情的关系，也就是说，这样的感情并没有任何实质的名分。许多女孩都觉得，就是由于双方都没有认定对方，就可以不用承担任何责任，到时候好聚好散，可以从容把握。这样的交往是一种安全的表现，但这种想法并不正确，原因其实只有一个：因为你是女孩。

对于男孩来说，选择暧昧并无伤大雅，但女孩却不行，因为社会在感情方面对女孩的要求，往往比男性更严苛。像男人若同时拥有很多情人，外人眼里会认为是风流，特别是许多名人，这更成为津津乐道的话题。但若换成是一个女孩有很多情人，外界赋予的评价就是不守妇道。其实这种不公平的看法，一直都存在感情的交往中。

许多女孩把暧昧当成爱情，是因为这种感情表面上看似不用承受太大的压力，但这也意味着，你所交往的男人，对你也可以不用负责。那么所有的背叛、离弃，也就变得顺理成章，而且一旦发生这些情况，他甚至可以无情地说："你是我的什么人？"此时，女孩也许仅能无奈地自认倒霉。

情感女作家安顿曾说过："暧昧是一种非常伤人的词，尤其是对于女孩。"在她的著名作品《绝对隐私》中，即常见这样的例子。其中就有一个案例，说的是一个事业有成的女性上班族，长年和他的上司保持暧昧关系，两人从未对外公布过恋情，因为这位上司已经有了一位非常有背景的老婆，他能走到今天，靠的就是岳母家的支持。为了对这份感情保密，两人甚至约定每年只幽会三次，每次时间不能超过三个小时。这样的感情，在他们之间持续了长达八年。

后来男人的妻子病逝，女孩以为苦尽甘来了，终于可以名正言顺地和男人在一起。结果，男人很快地娶了别的女人，将她抛弃。当她去质问对方，男人却理直气壮地回答："我们之间究竟有过什么呢？你能说出来吗？我们有任何名分吗？"女孩顿时语塞，面对爱情失败的苦果只能自己品尝。

高雄有一家"女性心理救助中心"，业务是专门帮助在感情上

受伤的女孩，提供各种心理辅导。在来访的女子中，80%以上的女子受伤害的原因都是“暧昧”。这些男人在与女孩保持特殊关系的同时，却从来没有给予她们情感上的承认。中心有位女性专家在一次接受采访时表示：“暧昧对于男人来说是一种解脱；对于女人却是一种负担。因为暧昧，男人可以享受激情、逃避责任；女人则成为这一切的受害者。”

若想认真谈一段感情，女孩绝对要勇于拒绝暧昧，并让对方知道，如果想和自己交往，就要有一个实质的名分，这不仅仅是对爱情的尊重，也是对自己的尊重。如果仅满足于暧昧的关系，而不要求任何名分，这样的爱情无法被视为真正的爱情。要知道，暧昧的主角，最后也会被暧昧所伤害。

失恋后绝对不能做的事

女孩在失恋之后，往往会做出许多发泄痛苦的事情，这种做法虽然无可厚非，但需要注意的是，一种发泄痛苦的做法，有可能是另一个新痛苦的源起。有些人因痛苦而做出失控的事，常常会为下一次更深的伤害埋下伏笔。

失恋之后，即使一个人再痛苦，也需要保持绝对的冷静，女作家毕淑敏就做过一个比喻：“失恋对于女人，好比是把一个人推到悬崖的边缘。克制住痛苦，就意味着离开了悬崖；若放纵痛苦，则

意味着在悬崖边纵身一跳，埋进了更深的伤痛。”可见，想要克制痛苦，应该是选择一种合理的纾解方式，而不是盲目发泄。

女孩们都要提醒自己，不要做出极端的事情，以免造成一场新噩梦的开始。电视新闻也都曾报道过类似案件：由一群年龄在二十至三十岁的年轻人组成的诈骗集团，成员很多是在校的大学生或硕士生等高学历知识分子。

他们的作案手法就是潜伏在酒吧里，观察前来消费的客人，如果看到有单身的女性在酗酒，他们便会根据这个女子的表现，选择伙伴里合适的人去和她搭讪，等到与对方混熟后，就开始进行诈欺计划，包括骗钱、骗色等。

而这些人落网时都坦言，在酒吧里选择酗酒的单身女人下手，原因很简单：第一，她们在陷入悲伤时最缺乏自制力；第二，由于她们感情空虚，急于寻找慰藉，心里自然缺少防线。从这些案例可以看出，女人在失恋之后若缺乏自制力会有多危险。

同样的陷阱也存在于网吧中，在这里也有一些别有用心的男人，会仔细观察周围的女性，捕捉那些看起来像是因为失恋而痛苦的女生作为猎物，透过邀约一起玩电玩或网络聊天等方式，松懈对方心防并博得好感，接着再来行骗。

盈盈是个生性非常拘谨的女孩，原有一个高大帅气、言谈风趣幽默的男友军祥，但因他的条件太好，本身又很花心，所以在与盈盈交往的同时，又劈腿了另一个女孩。

在与盈盈交往第二年的情人节，军祥便向盈盈提出分手。对盈盈来说，军祥是她人生中的初恋，所以特别受伤，每天都躲在家中以泪洗面。此时，她想起曾经有人说，想要走出情伤最快的方式，就是赶紧再认识另一个人。为了排遣寂寞，盈盈开始每天都沉溺在交友网站中，也真的很快就结识了一个名叫杰克的男孩。杰克似乎深谙女性的心理，每次盈盈与他聊过之后，都觉得心情变好了，而他放在网站上的照片，看起来也相当阳光开朗，不知不觉中，盈盈发现自己似乎又恋爱了，每天都迫不及待地上网，为的只是想与杰克谈心。有一天，杰克突然对盈盈表示，因为自己投资失利，希望盈盈可以借他几万元周转一下，等他渡过难关，他们就可以像男女朋友一样约会见面了。

盈盈毫不怀疑，先后汇了十多万元给对方，但奇怪的是，自此之后，她就再也联络不上杰克，结果还是看了新闻报道，才知道杰克是专门在网络上寻找失意的女子，再利用机会诈骗的骗子。盈盈这才知道，自己因一时迷惘不但被骗了感情还有金钱。

所以，在感情上受伤时，应该做的是冷静下来，找出合适的办

法来化解自己的悲伤。其实，不只是一般女孩，许多名人也面对过这样的困惑。知名影星梁咏琪在一次受访时，谈到早年自己失恋后的情况。她说当时因为心情低落很想酗酒，但是一位很好的朋友却送了她一本哲理书。靠着看这本书，梁咏琪终于走出失恋的阴霾，并展开另一段新恋情。

虽然每个人的情况不同，但是在遭到感情伤害后，选择合理的排解方式非常重要。无论是到郊外散心、看电影、读书……都是一种很好的反思方式。在冷静的反思中，可以让自己走出感情的伤痛，也或许是下一段幸福的开始。

招 不要接受极端的追求方式

许多女孩在感情生活中，总是津津乐道自己的男友会用极端的方式来表达对自己的爱意，但其实这种做法并不可取。

以色列著名女性心理学家查理曼，发表过一篇论文《男人的极端行为和极端性格》，其中的观点是：一个男人如果经常采取极端的行为来表达自己的决心，这只能证明，他拥有偏激的性格，对于社会来说，这样的男人往往是一种危险人物。

无独有偶，著名女心理学家丁雪琴也持同样的看法，特别是针对喜欢用写血书等手段来表达心意的男人。

丁雪琴认为，一个人最重要的就是自己的身体，如果他不爱自己的身体，又怎么会爱自己；如果他连自己都不爱，又怎么会去爱别人？！

同理可知，如果一个喜欢用极端方式求爱的男人，不但不会爱自己，更遑论去珍惜他的伴侣。

美琪是个外貌姣好，课业等各方面也都表现优异的大学生，无论校内或校外都拥有非常多的追求者，包括大她两届的同系学长正伟。

为了想在众多竞争对手当中引起美琪的注意，正伟竟然咬破自己的手指头，用鲜血洋洋洒洒地写了一封情书。美琪收到这份“血书”虽然有些受到惊吓，却不免被正伟这种表达爱意的方式所打动，所以便不顾好友的劝阻，在众多追求者中选择了正伟。

没想到两人正式交往后，美琪才慢慢发现正伟的诸多缺点。正伟的性格非常孤僻且小心眼，只要美琪和其他男同学多说几句话，或是肢体稍有一点接触，就会激怒他。情节较轻时还仅止于口出恶言，若遇上他当天心情不好，除了摔烂现场的东西，甚至还会动手打人，令美琪非常难堪。

后来美琪再也受不了这种相处模式，便提出分手，没想到正伟又写了一封血书，不过这次带给美琪的不再是感动，而是恐惧。她也终于明白，一直以为深爱自己的男人，其实是个心胸狭窄、性格偏激的人，和这样的男人在一起， 绝不可能幸福的。

从这个故事，我们看到一个男人为了心爱女孩所采取的极端行动，或许可以代表他很爱对方，但也显示这种方式，不但无法带给对方幸福，相反的却是恐惧和痛苦。

从另一方面来看，有些男性之所以采取极端的方式表达爱意，就是利用女性特有的善良和同情心，特别是在女孩对于是否接受一段感情犹豫不决时，这种方式更容易达到目的。

所以，遇到会用这种手段的男人，女孩一定要保持足够的冷静和警觉心理。

如果说写血书已足以说明男人不懂得尊重自己，那么下跪或跳楼的方式，更显出一个男人有多不自爱。

古语云："男儿膝下有黄金"，如果一个男人面对感情没有自尊，可以轻易在别人的目光前下跪，表示他根本不在乎自己的尊严，又怎么会在乎别人的尊严呢？所以这样的人，不但不会尊重女孩，更有可能会践踏女孩的尊严。

至于以跳楼威胁，同样可以用这个道理来审视，这样的男人如果不顾虑自己的生命，又怎么可能去在意别人的感受，甚至生命？显然追求者若采取越极端的方式，只能越显示出他的自私。

女孩在面对行为极端的男人时，一定要学会冷静与警觉，千万不要因为一时心软而蒙住眼睛，在对方极端行为的背后，表达的往往是一种会带给你痛苦的爱，这种爱只满足了他个人感情的欲望，却不能为你带来丝毫幸福。

不要主动追求男人

古语说得好，“男追女隔座山，女追男隔层纱。”不过大多数的男人都不怕翻山越岭，而多数女人则不愿扯破薄纱。

显然女人扯破薄纱要比翻山越岭容易得多。但是为了爱情的长久，建议女人还是宁愿多花一些时间，等待男人翻山越岭会比较幸福。毕竟若是由女性主动出击，对男性而言，如此容易得来的幸福，是不太会珍惜的。

相较于女人，男人属于较为理性的动物，很难被热情所打动，因此他们在感情的选择上，无论是在采取行动还是运用心机上，都远远比女人深得多。所以一旦有女性主动地对男性表达好感，在许多男人的眼里，这样的女人太容易征服、毫无挑战性，假如有了这样的认知，他就不会珍惜。

著名的爱情小说《十年》，说的是有个女孩一直爱着和她青梅竹马的男孩，十年来，她总是用尽各种方式体贴男孩并给予帮助，还主动分担他的烦恼与压力，但是男孩情况只要一好转，就会立刻去找别人，只有在遭到挫折后，才会回到女孩的身边。

直到女孩得了绝症，男孩终于意识到自己的最爱，原来是这个十年来一直帮助他、关心他的女孩，但是一切为时已晚。

在小说的结尾，这样说到："十年了，一直都是她在努力付出，所以在他眼里，她对他做的一切都视为理所当然的。就算自己无论怎样粗暴地对待， 也不会失去她，所以并不加以珍惜。直到意识到她即将失去生命，他才发现一切都太迟了。"

这个故事印证了大家常说的："容易到手的幸福，便不知道珍惜。"尤其是男人在这方面特别明显。某著名网站上曾有一份针对被抛弃女性的调查，问题是："你和他认识的时候，是谁追求的谁？"约有90%的人都回答：是我先追的他。在证实"女追男隔层纱"的说法同时，也显示了这样的结果往往是悲剧。

难怪有位德国女音乐家曾说："女人，哪怕你已经狂热地爱上了一个男人，但是你该做的，不是向他表达狂热的爱，而是要让他疯狂地爱上你。"

让男人狂热地爱上你的方式，就是你要不断展现自己富有吸引力的一面， 让他主动来对你示好。你越是对他无私、越是殷勤，换来的多半是不珍惜与任意挥霍。不要主动去追男人，让对方主动追求你，才是女孩们获得幸福的保证。

3 *three*

御人先御己

中国有句古语："正人先正己。"在感情问题上，我们或许可以套用这句："御人先御己。"

从前面章节的分析中，大家都可清楚看出，男女的交往，其实就是男孩一直在攻心、女孩不断在防心的过程。但是要想在这场攻防战中见招拆招，除了要对男孩有深入的了解，更重要的还是先认识自己。

因为要想从男孩的行动中，找出他的优缺点，女孩必须先端正自己的行为，这才是找到值得托付终身男人的前提。

而所谓的端正，指的就是行动要符合爱情的正确原则，只有这样，才能在谈恋爱时，成为收获幸福的成功者，这也是"御己"的意义。

至于"御己"的另一个意义，则是需要女孩在与男孩交往时，努力克制自己的缺点，即使不能改正，也要减少犯错误机会，所以在交往时，记得经常提醒自己，只有不断的修正，才能拥有一生的幸福。

过去的事就让它过去

在“御己”的行动中，很重要的一项，就是如何对待已经发生的事情。美国有一则笑话很有趣，有个男人抱怨自己的老婆说：“我的老婆每次吵架，就成了历史学家。”他的意思其实是说，老婆很爱翻旧账，一旦发生争吵，她就会把过去的事情拿出来说。事实上，这种做法对于感情是一种慢性伤害，起初可能伤害到了老公，但最后却是伤到自己。

早年有一部电影《唠叨婆》，剧情讲的就是一个喜欢数落丈夫过错的妻子，每当丈夫犯了一点错，她就喋喋不休，而且还会把丈夫结婚二十年来犯过的所有错误，从头到尾数落一遍。这位妻子自以为这是对付丈夫的“杀手锏”，还洋洋得意地传授经验给自己的姐妹们，没想到却招致了丈夫的不满。

又一次，妻子因为一件小事情开始数落丈夫，但这次丈夫的怒气终于爆发了，他恼火地说：“不过就是这么一点小事，从结婚到今天，你数落了我整整二十年，我真的受不了了，我要和你离

婚！”直到这时，妻子才发现丈夫的好，对自己过去所做的一切后悔不已，哭着对她的姐妹说：“我一直以为嫁了个坏男人，现在才知道，他是个空前绝后的好男人。”

虽然这是一部电影，却反映出真实的状况：没有人不会犯错误，更不愿意别人把自己的错误当作攻击的箭靶，感情生活中更是如此。所以当男女交往时，如何对待男人犯的错误，是一门很重要的课题。曾有人说，男人都是健忘的，特别是对于过去犯的错，如果没有常挂在嘴边，他迟早会故伎重施，所以不时谈到往事，是驾驭男人的好手段。这个说法看似正确，其实却大错特错。

第一，每个人都有叛逆的心理，对错事的批判最好适可而止，否则一旦过头就会物极必反，在感情问题上尤其如此。第二，男人固然健忘，但是也有理性的一面，只要他犯错后意识到程度的严重，其实不用提醒，他就心知肚明。他不说，并不代表不知道，相反的，是意味着他的内疚。

香港《壹周刊》曾有一篇专题——原谅我丈夫。内容以匿名方式，采访了十位在大家眼里，都是婚姻和睦的典范、拥有百依百顺的丈夫和幸福家庭的女性。受访者提到过去丈夫曾做过的错事，包括搞婚外情、包养情人，以及家庭暴力等，但她们对待这些事情的共同方法都是“选择性遗忘”。即便在日后的婚姻相处中，双方仍不免发生争吵，可是对于丈夫曾经犯下的错，这些太太们都尽量绝口不提。这不仅是对丈夫的宽容，也收到了“心照不宣”的效果。

事实上，男人的记忆力和反思能力往往比女性想象中更强，这些成功的女性们以隐忍的方式，暂时原谅丈夫的错误，之后在日常相处中，再利用生活细节的关心和技巧性的提醒，达到让丈夫悔悟的目的。而做这篇专访的记者，在文章最后也表示：反复地提起往事，只是在挑战丈夫的忍耐力；适当的隐忍，反而会唤醒丈夫的反思。聪明的女人，就应该选择后者。

女孩应该记住一句话：“点到为止。”对于男人曾经犯的错，在他已经忏悔的情况下，只要适时提醒就可以了。如果他吸取了教训，就算没有及时提醒，他也不会重蹈覆辙；若他未吸取教训，则只能说明他本性难移。反复提及旧事，只是给他变本加厉的理由。所以采取翻旧账的方式，只会让事情朝着更坏的方向发展。

不该说的话不要乱说

在“御己”之中，有一件事也相当重要：不该说的话不要乱说。男女交往时，说话是一门很重要的学问，有时候只因一言不和，便造成与一段美好姻缘擦肩而过的憾事。所以，多说一句话或少说一句话，对于感情的进展，往往会产生非常关键的影响。由此可见，说话的艺术有多重要。

电影《我的爱情日记》中有一段情节，叙述女主角郭丽艳和一个男孩交往时，因无意中透露出自己非常怕黑，到了暗处就会心慌。结果两个人第一次共餐后，男孩便故意将她带往一处黑暗的地方，企图在她害怕之际趁机非礼。由此可知言语不慎，不但会暴露出自己的弱点，遭到心怀不轨的男人利用，还可能造成严重的后果。

此外，若用词不当，也可能在自己喜欢的男孩面前破坏形象、造成误解。女作家安妮宝贝在《告别薇安》一书中，就有这样一个故事：女主角安蓝，认识了一个她很喜欢的男孩，两人相约一起去唱歌。在唱歌的过程中，安蓝因为一件小事无意中爆出粗口，让男孩误以为安蓝是个修养不好的女孩。结果，这对本来有可能在一起的恋人，就这样分手了。

有时候，女孩无心的一句话，也有可能会刺伤男人的自尊心。关于这一点，就必须重新审视男人的承受力，因为有些看似坚强的男孩，心灵的承受力却往往比想象中脆弱。小倩的父亲是位成功的企业家，小倩从一出生就被捧在手心上，视为家中的掌上明珠，自她懂事以来，出入的都是一些高级场合，用的、穿的也都是名牌。

斌斌则恰好相反，世代都居住在南部乡下，家里以务农为主，后来因为联考考上北部的大学，才有机会北上发展。在偶然的机会下，斌斌进入了小倩父亲的公司任职，两人也因为“近水楼台”结下姻缘。小倩与斌斌结婚刚满一年，恩爱的形象一直深植在周遭的亲朋好友心中。不过由于两人身份的悬殊，斌斌总觉得有些自卑，最怕人家提到他的家世，所以也埋下了双方不时争吵的导火线。

有一次小倩在和斌斌吵架时，不经意地脱口说出：“乡巴佬！”这让身为农村子弟的斌斌非常介意，甚至大动肝火，结果两人越吵越凶，到最后还差一点导致分手。所以，女孩在“用字遣词”时，真的需要非常小心。

只要是人，多少都存在着某方面的弱点，只有透过相处，这些弱点才会在不经意中暴露出来，尤其男性的自尊心又特别强，当女孩发现这些弱点后，必须妥善地应对，尊重男人性格中脆弱的一面。如果能够做到这一点，不仅意味着可以稳定地维系感情，更可以成为男人重要的精神依靠，而这样的女孩，无疑是十分幸福的。记得，女孩如果已经有了心仪的另一半，说话时务必相当严谨，这样未来感情的发展才能顺顺利利。

女孩拿捏“该说”还是“不该说”，有三个重点可参考：第一，不要轻易对刚认识的男孩暴露自己的内心，这会让别有用心人士有可乘之机；第二，不要因为一时的言语不慎，刺伤一个男孩的自尊，即便是无心的过错，却可能会造成永远的伤害；第三，不要因为用词不当引起别人的误解、损害自己的形象，这样将可能使得原本有希望与你携手走向幸福的男人因而放弃。

有所为，有所不为

中国有句古话：“有所为，有所不为。”在感情上，这句话可谓是至理名言。

在和男人交往的过程中，女孩除了注意言语，更重要的是树立个人形象，特别是在和心仪的男人交往时，想要成功地吸引他，就要让他意识到你的优点，一旦他意识到你的优点，就一定会对你心驰神往。而重点就在于，必须做到“有所为，有所不为”。

而先要弄清的是，哪些属于“有所为”？哪些又是“有所不为”？可以从两方面进行：包括你希望树立什么样的形象；如何做到既能表现自己的优点，又能在有限范围内透露出自己的缺点。此外，了解你心仪的男孩喜欢什么类型的女孩，并对症下药，才能展现出最完美的你。

有一篇著名的文章*MAKE A PRINT*，讲的就是与心仪的男人约会前，要做的准备工作。大致的内容是教导女孩在进行约会前，

先准备好一张白纸，在纸的左边，写下那位将和你约会的男人各有哪些优缺点，以及他对另一半的要求；纸的右边则写上你所具备的优点与缺点。然后评估自己是否能够以这些优点去吸引他、同时缺点也能被他包容，之后对于自己应该怎样表现，就能制订出一套完美的计划。

虽然我们常说爱情要的是自然、质朴、热情，但实际上，所有的激情到最后都不免会回归于理性状态，爱情最后终将演变成一种难舍的亲情。所以说，爱情重要的是两个人的性格、气质，以及做事风格上的相互影响，因此在确立恋爱关系之前，你在另一半前展现的形象，也就不得不予以正视。

你要用尽一切办法，让自己的优点在他的脑海中根深蒂固，如此一来，你的缺点在他心中也会变为可爱的优点。只是要做到这样，必须先要对自己，以及对方都有非常深刻的认识。而“有所为，有所不为”的，不仅体现在你和他交往的最初阶段，还包括在你和他交往的整个阶段。你必须体谅有哪些是他所能接受的，哪些是他不能接受的，在相互的尊重、包容之中，让两个人的感情慢慢磨合。

关于这个方面，美国电影《卖鱼的姑娘》里就有个典型的案例。电影讲述的是一个渔夫的女儿和一个到渔村采访的记者之间的爱情故事。尽管两人的身份、学历差距悬殊，但是这个渔村姑娘却用巧妙的方式让记者爱上了她。

女孩先以好厨艺做出美味的鱼料理，收服了记者的胃；而对方也从喜欢她烹煮的鱼开始，进而对她产生兴趣。接着，女孩又用心留意记者喜欢看哪一类的书，然后投其所好，也去了解书里的内容，在两人交往的过程中，让这些成为共同话题。

到后来，虽然只有短暂的相处，但两个人却已经不能没有对方了，而这个女孩性格暴躁等缺点也渐渐被记者所接受，并认为这就是她可爱的一面。由此可知，遵循“有所为，有所不为”的原则，在爱情之中，往往可以收到出奇制胜的效果。

在现实生活中也有个例子：一位毕业于台大数学系的女生，在她的网志上透露了她和男友从相识、相恋，一直到最后结为夫妻的所有过程。这位数学成绩优秀的女孩，把恋爱当作数学公式，从和男孩认识的第一天起，她就在每天的日记里，完整记录下自己对于男孩的看法，并且设计好了自己每天和男孩交往中应该做的事情，包括言谈举止、表情、讨论的话题，以及与对方说话时的反应。就这样，她很快便得到了这个男孩的心，并且让对方无法离开自己。

随着时间的累积，她也不断地在自己的计划中增加新内容，例

如关心男孩的饮食起居、陪男孩谈心……就在这一步步的“设计”中，他们的爱情赢得了完美的结局。

这篇网志曾引起广泛讨论，有许多女孩认为，如果将爱情像程序一样都设计好了，那么还有什么激情和幸福可言？然而事实证明，爱情经过这样理性的思考和设计，最终爱情双方都获得了幸福。

爱情中最重要的，就是两个人性格、气质，以及做事风格的相互影响，因此在确立恋爱关系之前，你在另一半前展现的形象，也就更重要了。所以，你必须用尽一切办法，将自己的优点在他的脑海中根深蒂固，此时你的缺点在他心里，也会变为可爱的优点。

有条件地付出，无条件地接受

在爱情之中，有一对相对应的名词：付出与接受。大多数人都认为，感情上的付出应该是无条件的，学会无条件地付出和牺牲，才能换取别人的真心。接受则是有条件的，可以选择接受别人对你的好，但是对于男人的献殷勤，则应该予以拒绝。

这种看法并不尽然有理，常常是一种误解。其实，“付出与接受”有时候是完全相反的，换成有条件的付出、无条件的接受，有时反而能收到更好的结果，而且，还可以说是一种普遍现象。

台湾著名的情感小说作家席绢，在一篇文章中曾说过：“在爱情问题上，你不能成为一个会计。”意思是，对于爱情的付出和接

受，不应该用“亏本”或“赚钱”来计算。所有爱情的付出与接受都应该是出于真爱，而不是以功利为目的，如果抱着有目的性的态度去谈恋爱，最后得到的爱情绝不可能是真心的，相反的，很可能是一场悲剧。

有一位到加拿大留学的女孩个性非常现实，无论做任何事情，她都绝对不会让自己吃亏，她认为只要自己有付出，就应该得到相同的回馈。即使是交男朋友，也不例外。

例如若自己收到男友送的精美礼物，她就会回送对方一份价值接近的东西；倘若是她请男友吃了一顿大餐，男友也应该在限期内回请自己，而且等级不能落差太大。除了有形的方面，对于无形的事情，她也都斤斤计较。

在与男友交往时，她把每次自己做的错事以及男友做的错事，都一一列出来。例如男友打破一个碗，她就会摔烂一件东西；男友约会迟到十分钟，下次再约碰面，她也会晚十分钟才到。

就是因为这种个性，让许多男孩都大感“吃不消”而纷纷离去，结果她在加拿大的五年里，总共换了六个男朋友。虽然她最后还是嫁了一个当地的加拿大人，只是婚后她才赫然发现，这位她以为不在乎自己“爱计较”的男人，原来贪图的是自己家族的财产。直到此时她才明白，爱情的付出与接受，是不能用数字衡量的。

所有希望在感情中获得幸福的女孩，都应该坚信：在感情的天平上，男人要承担的责任远远地大于女人，这样情感才会平衡。同时，女人的角色是被追求者，男人则是追求者，所以被追求者理应享有无条件的接受，在选择付出时，也应该是谨慎而有条件的，因为一旦所托非人，女孩往往会受到无比巨大的伤害。

在美国中文杂志《新语丝》上，刊载过一篇短文“付出因为谨慎，接受因为尊重”。内容是说一位女性上班族，拥有众多追求者，奇怪的是，她对每个男人都保持着一定的距离，绝不会过分亲密，但对于大多数男人的邀约，却几乎来者不拒。许多人对她的做法不以为然，她却说：“只有让他们透过这样的竞争，才能找到真正适合我的人。”

果然，在经过了数次与不同人的约会后，她总算找到一位值得托付终身的男人，也同样地付出真情，换来白头偕老的婚姻。

看到付出和接受之间的学问，在于只有学会无条件的接受，你才能让更多男人积极展示出他们优秀的一面，也为自己拓展感情选择的视野。有时自以为谨慎的拒绝，却很有可能让真正的优秀人才们对你望而却步，这就是所谓的“无条件地接受”。而“有条件地付出”的意思则是，只有遇到真正适合自己的男人，才值得为他付出。在这之前所有的付出，都是无意义的。

不要考验你的爱人

在男女交往中，经常可以听见“考验”一词。

很多时候，一些单身女孩被问起“是否有男朋友”这类问题时，总是喜欢回答：“还在考验中。”这样的讯息，透露出不少女孩都爱用各种考验方式，来选择自己的男朋友，但这种做法其实并不妥当。

香港电影《家有喜事2009》中，描述身为女强人的吴君如已年近四十岁，却仍小姑独处，直到有一天她遇到一位年轻英俊的男人。为了测试这个男人是否真心，她设计了很多考验，例如故意将非常繁重的工作交给他负责，看他会不会有怨言；约会时又故意迟迟不到，看他有没有耐心。

一连串的考验后，她认定这个男人是值得托付的对象，于是便付出感情，没想到，那个男人竟是个爱情骗子，接近她的目的，只是为了骗取她的财产。结果吴君如不但考验不成，自己还被骗了。

为什么不要考验自己爱人？其实答案就在这个案例中。吴君如在这部电影里有一句台词：“爱情应该是自然的。”换成俗话的意思，就是顺其自然。爱情的发生、发展，都是上帝的安排，在这个自然交往的过程中，如果刻意加入一些人为考验，最后的结果，就可能违背了爱情本身的定律。

对于一个男人的观察、了解，都应该源自于平时真实的相处，从交往时的自然反应了解对方的真心。刻意的安排考验，不但会引起对方的反感，有时候还会适得其反，尤其是对于一些善于伪装的男人，考验不但无助于对他的了解，相反地，还会被他制造的假象蒙骗。

在台湾原住民中就流传着一个关于“考验”的故事：某部落酋长的女儿，一心想找到一位完美的男人，因此对于有心来求婚的男人，设计了六道考验：包括上刀山、过火海等危险项目。结果，只有一位男子完成所有考验，成为她的丈夫。

没想到这个男人却在婚后露出真面目：原来，他只是贪图酋长家族的地位与荣耀，企图攫取该家族的权力。女孩在无奈的情形下对着上苍祈求，上天只回应说：任何爱情都是自然发生的，而不是靠个人的考验来检验。

所以由此可知，一个男人既然要追求你，表示已经做好了接受考验的准备，而且他们对于爱情的认识和经历，都比女人熟悉。女孩自作聪明设计的考验，往往正中男人的下怀，反而为他们提供了机会来献殷勤与欺骗。所以，绝对不要轻易考验你的爱人，这才是爱情成功重要的因素。

聪明的女孩不应该用“考验”来对待你的情人，而是以“自然”的方式来和他相处。一个男人在爱情上的表现，其实可以从他在生活中无心的表现上去找到答案。生活中无心的细节，反而更能表现出他原本的特质。

男人开始怠慢你，不代表不爱你

在感情之中，难免存在着误解，尤其当一些男人开始怠慢女孩的时候，常会让女孩以为对方不再爱她，但事实却不见得如此。

一对自大学时代就开始交往的男女朋友丁力与婉柔，进入社会后仍然保持着恋人的关系。但是有一天，婉柔突然在自己的部落格上写到，感到这几周以来，丁力对自己似乎越来越冷漠，不但很少打电话给她，主动打给他也不回电。甚至婉柔表示想去找他，也都被他以功课繁重、没时间碰面等理由拒绝。这突然间的变化让婉柔十分伤心，所以她希望借着在网络上发表文章，获得网友的帮助。

之后的十多天里，婉柔还是每天都将丁力对她冷漠的种种事例记录下来，引起网友们的普遍同情，许多网友甚至留言“炮轰”丁力，说他始乱终弃，是个没有责任感的男人，他们的事一时间在网络上闹得沸沸扬扬。

但是大约两周过后，事情却突然间出现了戏剧性的变化，丁力对婉柔冷漠的原因揭晓了。原来因为丁力得了一种罕见的疾病，为了不想拖累婉柔，所以才决定渐渐疏远她，和她分手。当真相一公开，大家才知道丁力之所以对婉柔表现出怠慢的态度，非但不是因为不再爱她，反而是因为爱得太深，怕耽误到她的未来。

从这个案例中，可以发现男女双方产生误会的原因或导火线，往往由于男人突然冷落了女孩，而引起女孩不满。这是很正常的反应，因为每个女孩都希望得到男人的疼爱，渴望自己是另一半精神世界里的唯一。不过实际上对男人来说，除了家庭，他还有许多重要的事情需要投注心力，例如社交、事业……相对的波折也较多，有时一个小波折，就会引发其他事件和心情上的相互牵连。因此，他们偶尔对女孩冷淡和怠慢，并不都是出于有心，而是一种正常的连锁效应。

女作家亦舒曾说："在感情上，有时候男人比女人更加内向，一个懂得幸福的女人，需要先懂得男人的心。"下一次，当你的男人开始怠慢你，正是考验你是否懂得这个男人的时候。

所以面对男人的怠慢，特别是与他平日表现大相径庭的忽视及淡漠，女人在感到痛苦的同时，头脑更要保持冷静，试着从他怠慢的外表下，探索引发他这种行为的真相。你必须记住，世上没有无缘无故的爱与恨，他的怠慢一定有原因。

倘若有一天你的他突然不再将注意力放在你身上，你最好先不要断下结论。在此情况下，可以做两件事：首先先自省，想想自己是否有做错的地方；再来则是理解，一旦确认不是自己的问题导致对方的怠慢后，再深入了解他是否出了什么状况。若是他正承受着压力和伤痛，你需要适时给予关怀和鼓励，才能帮助他走出低潮，并让这段感情长长久久。

不要挑战男人的自尊

在感情上，有一件很重要的事情，就是维护男人的尊严。前面曾经提到，女孩在感情上需要维护自己的尊严，同样的，大家都知道男人都好面子，所以面对他们的自尊更要小心处理。

男人好面子在两方面表现特别明显。一方面是在家庭生活方面，男人在争执对错问题上，绝对不会轻易放下自尊向女孩认错，但如果女孩给他面子，他反而愿意主动在其他方面补偿。例如，当你和另一半发生争吵，谁都不肯先认错，倘若这时你能放下身段退让，男人将会因感觉过意不去，想办法在其他方面讨好你，像是事后买份礼物或主动帮忙分担家事。

另一方面则是在大庭广众之下，特别是当着朋友或亲戚等外人面前，即使是再“怕老婆”的男人，都希望能摆出一副很有男子气概的样子。毕竟中国传统社会一直都有男尊女卑的观念，这种想法很难改变，所以若能在别人面前给另一半面子，其实也等于维护了自己的尊严。

而尊重男人最需要做到的就是：不要侵犯到他们的忍耐限度，更不要践踏他们的颜面。许多女孩都有一种不好的习惯，就是喜欢在众人面前，对着自己的男友或先生，摆出高高在上的架势，这样做的目的，只是为了炫耀自己平常“管教有方”，但这却容易成为感情决裂的开始。

有三个在高中时代就非常要好的朋友，毛毛、妞妞与宝宝，在高中时三人就喜欢互相比较，大学毕业各自结婚后就鲜少联系。在某次大学同学会时，三人再次碰面，宝宝很热情地邀请毛毛、妞妞到她家喝下午茶，其实她真正的目的，只是想让大家知道自己有个百依百顺的老公。喝下午茶当天，只见宝宝一会儿要老公把点心端来给大家吃，一会儿又嫌哪里脏了，要他赶紧弄干净，整个下午只见宝宝的老公忙进忙出，另外两位朋友看了十分羡慕。

隔了几个月，三个好朋友再聚会时，宝宝悻悻然地说：“没想到我那貌似忠厚的老公竟然劈腿，所以我们已经分开了。”在大家追问之下，才知道原来宝宝的老公虽然表面上没说什么，但心中早就积怨已久。后来他公司来了一位年轻的女孩，不仅乖巧懂事，对他更是百依百顺，于是宝宝的老公果决地提出离婚。在签离婚协议书时，他还理直气壮地说：“你从来就没有尊重过我，我觉得我只是你的仆人。”由于不堪自尊在众人面前被践踏，宝宝的老公最终选择了放弃这段婚姻。

看完这个案例，相信对于所有女性都有一定的启发意义。事实上，任何愿意百依百顺的男人，其实心中都有容忍的底线。作为女人最重要的，就是让另一半时时刻刻都保有自尊。唯有相敬如宾的婚姻，才更具有持久的生命力，这也是维系婚姻和谐的重要因素。爱情的永续，在于双方感情的长久磨合，因此懂得尊重对方，才是感情稳固的基石。

身为女性，必须知道男人的容忍限度，并且予以尊重。聪明的女人，在大庭广众之下，都应做到为自己的另一半保留颜面，因为尊重对方，等于是尊重自己，也会让男人更加爱护你。

放下身段是为了获取成功

与尊重男人自尊同样重要的，就是懂得适时的“放下身段”。有一句成语“刚柔并济”，其实很适合形容女孩和男孩交往时的“攻心”与“防心”，因为要想得到最后的胜利，就同时需要“刚”与“柔”。而这里的“刚”指的是强势出击；“柔”指的则是放下身段。

在男人学做丈夫的学问里，经常可听到一句话：“女人是要哄的。”事实上，这句话有时候对女人也很实用，男人其实更需要被“哄”，而方式就是女孩要懂得放下身段。

“放下身段”可以表现在两方面：一方面，就是在男女感情出现危机时，女人应该表现出温柔和宽容的一面，即使错在男方，女人也要显出从容豁达，软化男人的强悍；另一方面，当男女双方遇到来自外力的考验时，女人往往比男人更能承担起家庭的压力。如

果女性愿意在这两方面放下身段，其实是可以让男人理解到你的珍贵，更加愿意给予呵护。

一个最著名的案例，就是英国球星贝克汉姆的妻子辣妹维多利亚。在外人眼里，维多利亚向来是以泼辣的形象示人，但在贝克汉姆眼中的她，却相当具有包容心，特别是在贝克汉姆多次深陷舆论漩涡、面临四面楚歌的境地时，维多利亚总是在第一时间跳出来，帮助丈夫化解舆论的麻烦，让全世界的人都知道她和丈夫站在一起，即使是小贝做了对不起她的事，她仍甘愿为丈夫辩白。有人认为维多利亚的做法完全失去女性尊严，然而正因维多利亚这一次次的忍让，使得“万人迷”小贝心甘情愿地对维多利亚体贴入微，两人的感情也从多年前的危机，到如今的日益稳固。当世人再看到他们时，都只见小贝对妻子言听计从，而这一切，正是维多利亚愿意放下身段换来的。

第二个案例是俄罗斯著名天然气巨头米哈伊洛维奇的妻子萨芬娜，她更足以作为女性表率。十多年前，米哈伊洛维奇因为不听妻子劝告，盲目地把资金投入一项期货工程，没想到该工程竟然大亏钱，让原本是千万富翁的米哈伊洛维奇，一夜之间变成了穷光蛋。当几乎所有的人都离他而去，只有萨芬娜依然守在丈夫身边，即使在丈夫意志消沉的时候也不曾稍离片刻。

不但如此，她还拿出自己所有的积蓄，帮米哈伊洛维奇开了一家小店，并且亲自打理经营，为丈夫积累了东山再起的资本。最后，米哈伊洛维奇果真重新站了起来，用五年的时间再次成为俄罗斯的商业巨富。

从这两个例子可以发现，并不是任何人都愿放下身段，忍受别人的不信任或责难。只有本身性格够坚强，且具有强烈包容心与忍耐力的女人，才可以做到暂时将身段放下，最后不仅让婚姻稳定，更能帮助丈夫成就大事业。

在感情之中，男人多半被视为坚强的化身，但是某些时候，男人反而比女人更缺乏承受力，从很多婚姻故事中就可以察觉。例如当一段感情陷入危机或是家庭遭遇变故，女人往往比男人更具有韧劲，女人的吃苦耐劳也胜过男人。所以，有时候女人放下身段，不但可以维护感情，而且更是维护尊严的需要。

放手是为了抓得更牢

与放下身段相类似的做法，就是“放手”。如果放下身段，是对丈夫的态度；那么放手，就是对丈夫的管理。

曾有一则新闻，是说有个丈夫，因为长期酗酒造成肝硬化，医生警告他，如果再继续这样过量饮酒，健康就会更为恶化。为丈夫的健康，妻子严格执行不准丈夫在家里喝酒的规定。

一开始丈夫很遵守规定，但渐渐就忍不住了，后来丈夫晚上经常借口加班晚归，实际上是利用下班的机会，偷偷到酒馆里喝两杯，回家时，还会故意嚼口香糖来掩盖嘴里的酒味，妻子也被丈夫瞒过了。五个月之后的某一天，丈夫突然在公司昏倒，送到医院诊断后发现，丈夫因为长期饮酒过量，肝硬化已经转化成肝癌，而且是末期了。

这则例子看似和婚姻无关，其实却大有关系。因为仔细分析后，就会发现这个丈夫若是适量饮酒，还不至于危及健康，然而妻子却作出让丈夫滴酒不沾的极端决定，再加上严格管控，逼得丈夫只好偷偷在外喝酒，最后造成适得其反的结果。

很多女人总喜欢把丈夫管得很紧，不许他这样、不许他那样，她们认为只要管好男人，就能让对方死心塌地。但其实物极必反，对丈夫控制得越严，有时候反而让他越想抗争。不少家庭婚姻的破裂，就是因为妻子自以为是的管理方式。

韵如的老公逸宏是众姐妹淘的先生们当中最出色的一位，不仅外型高大英俊，还是某上市公司的高级主管。虽然老公多金又帅气让韵如很有面子，不过私底下却不免担心老公的桃花太旺。于是她想起婚前母亲的告诫，男人身上千万不能太有钱，否则就很容易作怪。

为了掌握家中经济大权，结婚没多久，韵如就要求老公交出银行卡由自己保管，每个月他要用多少钱再向自己领取。好几次逸宏临时要去应酬，身上连一毛钱都没有。甚至日常的烟酒消费，也都要受到韵如的严格监督，逸宏都只好向同事借用，让他觉得非常没面子。

更夸张的是，每回逸宏出差或是跟客户约好谈事情的时候，韵如每隔十分钟就拨打逸宏的手机，问他在做什么？几点钟回家？让逸宏根本无法好好工作、谈事情。

结果两人的婚姻维持不到一年，逸宏就因受不了韵如紧迫盯人的管束方式，决定不再忍受。像这种失去自由的婚姻，一方犹如身在笼中的囚鸟，被困住的爱情又怎会快乐呢？

女作家席慕容曾风趣地以“放羊”，比喻夫妻之间的相处之道。

席慕容说：“放过羊的人都知道，如果你无微不至地照顾一只羊，那只羊可能不会亲近你，反而会拼命地躲着你，因为你管得太多了。对待老公也是这个道理，他虽然不是羊，但是心态都是相同的。”

从这段话里我们可以认识到，要给老公适度的空间，建立一种在相互信任基础上的自由，才能拥有真正的幸福。而给予自由的方式，就是学会“放手”。

真正美满的婚姻，绝对不是建立在严格的管制基础上的，而是建立在夫妻双方诚实、互信、宽容与包容的基础上，像女作家高克芳就表示，婚姻幸福的真正奥秘，是彼此尊重自己的绿洲。这绿洲指的就是婚姻双方各自享受的自由，在这一点上，无论男女双方都该是平等的。

有时候适当的放手，并不会变成放纵丈夫，而是让自己成为更好的牵手。聪明的女人应该把对丈夫的管理，看成是放风筝的过程，既不能割断彼此的交流联系，更应该给他充分的飞翔空间，再将感情的线头，牢牢地牵在自己手里。

沉默不是金，而是良药

俗话说，沉默是金。这句话或许适用于许多地方，然而在感情生活中，沉默未必是金，却是稳定感情生活的良药。

好莱坞著名影星奥黛丽·赫本演过一部经典电影《罗马假日》，在拍摄这部电影时，有一个情节的处理遇到了问题，而这正是影片的高潮部分：当情人向她表白时，她应该要有什么表情？当时连导演都不知道该如何处理，就决定让奥黛丽·赫本自己发挥，于是她便以“沉默”来诠释，在整个过程中一言不发地面对情人。

结果这场演出大获成功，奥黛丽·赫本也凭借着在这部电影中的出色演技，荣获当年奥斯卡最佳女主角奖。颁奖时，奥斯卡评审委员称赞她说：赫本就是用那一分钟的沉默，征服了全世界。

的确，在感情交流中，有时候适当的沉默，就是征服感情的重要方式。

香港作家陈倩影曾有一篇著名的小说《我用沉默来挽回爱》，内容描写一对恋人的生活。恋爱中的男孩性格热情外向、十分活泼，女孩则相对安静。由于个性上的差异，男孩总是嫌女孩话太少，不够了解他。

每当男孩无理取闹的时候，女孩因深爱着男孩，所以多半选择沉默，并且为他煲汤、缝衣服。对于这一切，男孩一开始总认为，这本来就是女孩该做的，所以不但不知感激，还用尽各种手段与女孩争吵。因为他发现，只要吵架，女孩就会对他特别好。直到有一天，男孩在事业上遭受非常大的挫折，几乎所有人都看不起他，连他自己的父母也没给过好脸色，女孩却依然不吝付出关心，终于感动了男孩。从此他才相信，世上只有这个女孩是对他最好的人。

对于女孩来说，沉默可以运用在两种时机。一种是当有男人对你献殷勤时，若你对他还不够了解，适时地用沉默来应对，将是最好的方式。因为如果这个男人并不是你所欣赏的类型，此时的沉默就传达了一种态度。但如果这个男人可能很适合你，那么选择沉默，也就意味着可以以退为进，以后再收服他的心。

另一种则是和情人争吵时，特别是当男性正在发飙狂怒的状态下，此时适度的沉默，可以有淡化冲突的作用。

在感情生活中，尤其是还在磨合阶段，沉默，应该成为一种常态。有时候，沉默地处理一些事情，让炙热的感情回归冷静和理性，会比打口水仗效果更好，这才是沉默的真实涵义。

虽然沉默也许会让女孩承受很多委屈，但更多的时候，却也是一帖化解争吵的良药，甚至可比喻为中药，因为效果也许较慢，却能够在感情争执中治本。所以对于一心想得到幸福的女孩，不妨体验沉默中的学问。

4 four

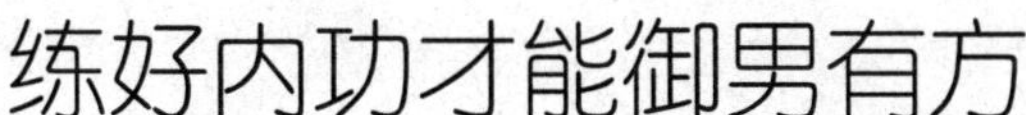
练好内功才能御男有方

看武侠小说，里面常会提到“内功”和“招式”。招式，是指两人在比武过招时的打斗方式；内功，则是内力修为。

在前面的章节里，多半谈论关于男女相处的方法，而想让这些方法成功的前提，就只有一个：女孩，要注重增强自己的内功。

所谓的内功，当然不是武侠小说里的武功，而是说女孩在谈恋爱时，所展现的能力、气质、性格以及智慧等，借由这些方面向男性展示出优秀的自我。

唯有如此，女孩才能真正得到好男人的心，进而拥有自己梦寐以求的幸福，如果说感情中运用的方法，是获得成功的外因，那么女孩在感情中的内功，则是属于成功的内因。不过内功并非与生俱来，而是需要在长期生活中，从无到有慢慢修炼出来的。

至于要如何才能做好修炼？就让我们进入下面的章节吧。

要做“妖精”，但不要做“妖怪”

在现代年轻女孩中，“妖精”成为众人追求的目标，许多女孩在自己的微博中以“我是妖精”“做个快乐的妖精”为署名。但什么是“妖精”，许多女孩可能并不十分清楚。

其实从表面上看“妖精”和“妖怪”都有一个共同点，就是在“妖”字上。这个妖字可以从两方面解释：一是指思想、见解独特，观念新潮；另一种则是说行为独特、出人意表，会留给别人深刻的印象。而两者的区别，就在于一个“精”、一个“怪”，看似相同，其实却完全不一样。

妖怪类型女孩最大的问题，就是想做妖精却不成，结果却变成了“怪”，具体行为表现在盲目追求新潮、搞怪，但给人的印象是疯疯癫癫，有损形象。有一个著名的小品《相亲》，小品讲的是一个女孩相当爱慕生物学家郭达，为引起他的注意，女孩先装扮成火鸡，后来又扮成天鹅，原以为可以凭借自己搞怪的造型得到郭达的心，结果却是将郭达吓得避之唯恐不及，闹出一连串笑话。

在现实生活中，许多女孩为了证明自己是妖精，盲目地标新立异，在装扮，甚至性格上，刻意追求古灵精怪，做事不按常理出牌，最后妖精没做成，却成了妖怪，留给对方“疯癫”的印象。

通常在男女交往中，这一类型的女孩往往很难受到欢迎。所以，要想化身为妖精，首先必须先提升自己的内功。

知名作家白先勇曾经将“妖精”和“妖怪”做了仔细的对比，他认为，妖精和妖怪都有相似之处，也各有不同点。其中有三个相同点：第一，两者都喜欢在外形上搞怪，给人以标新立异的感觉；第二，妖精和妖怪都在言谈举止中特立独行，给人深刻的印象；第三，两者在谈恋爱时都非常聪明灵巧。

妖精和妖怪的差异则可从三个方面来看：第一，通常妖怪是为了搞怪而搞怪，妖精在搞怪的外表下，隐藏的却是一颗睿智的心；第二，妖怪或许也有不俗的谈吐，妖精在不俗的谈吐中还富含深奥的哲理，可表现出其学识修养和高素质；第三，在恋爱方面的机灵，妖怪多偏向于小聪明，妖精则充满智慧。

在著名的相亲节目《非诚勿扰》中，曾有一期的女嘉宾是一位来自长春的“妖精”。这女孩的打扮素雅，从外表看起来相当普通，但是在她的言谈中，却常出现独到的见解。尤其让人惊讶的是，她不但文学艺术造诣高，也很关心时政，还主动发起保护动物活动，正因为拥有这么多特点，让许多男孩都对她十分心仪，也因此让她成为该集节目中最受欢迎的女嘉宾。从这个实例中，应该可以让所有想成为妖精的女孩，都能获得启发。

妖精的特点既不是疯疯癫癫，也不是打扮独特，而是需要兼具思想新颖与头脑睿智。思想新颖、观念独特，是属于“妖”的部分；头脑睿智、待人处世、性格独特，则是“精”的部分，所以说，妖精是归类为智能型的女孩。

提升自我的品位

在成为一个妖精的各种要求上，最重要的，就是提升自身的品位。许多女孩喜欢附庸风雅，更爱追逐潮流，例如时下流行哪一类电影作品，她可能看了几遍后，就会不懂却装懂地和别人高谈阔论。

又例如近来有哪一类型的书上了销售排行榜，她也买了几本翻一翻后，就自以为有学问。更有些女孩，甚至故作热爱文学艺术，临时恶补一些相关知识，就将自己装扮成已积累了深厚的文艺修养的样子。但是，这些做法都不正确。

萱萱天生是个美人胚子，不管走到哪里，都是男性目光的焦点。不过为了吸引更多人的注意，她总是花很多时间装点自己的外表，所以学业成绩非常糟糕。每天上学途中，许多“苍蝇”都会在她身边大献殷勤，但却不能打动萱萱，反而是经常同车、就读隔壁学校的一位戴眼镜的“斯文男”从不曾正眼看萱萱，这种反常的行为，倒是激起萱萱对他的兴趣。只是听同学说，“斯文男”博学多闻、各科成绩都名列前茅，想要和他交往，脑袋里最好有点东西。

了解后，萱萱便开始大量阅读各种书籍，还强迫自己去学钢琴、舞蹈等才艺，不过因为都是临时抱佛脚，所以学艺都不精。好不容易又遇到与“斯文男”同车的机会，萱萱硬是拉着同学挤到他旁边。

为了展现她近日所学，便故意大声地说：“我昨天才又把徐志摩的《与妻诀别书》看了一遍，他的文笔很好，读完真是让人动容。”此时，“斯文男”终于看着萱萱说话了：“小姐，《与妻诀别书》应该是林觉民写的吧！”只见萱萱羞红了脸，车一靠站就急忙连奔带跑地离开了。

这故事说明了，想要提升自己的品位，不应该以外界流行风潮为导向，让自己盲目地去适应别人的喜好，相反的，应该发掘出自己的条件与优点，塑造适合自己的性格特色，从而才能真正拥有高质感的形象。著名作家郑渊洁就说过：“成功的最大奥秘，就是用自己的优点去对付别人的缺点，打得赢就打，打不赢就跑。”女孩在提升品位时，也应牢记这一点。

世界上没有两片完全相同的树叶，你之所以优秀，是因为你具备了别人没有的优点，而不是因为你拥有别人都有的缺点。因此，

每个人都应该对自己有充分的认识。任何一个女孩都应该有自己的性格类型，也应该有自己的爱好习惯，所以不妨从自己的爱好、性格出发，树立自己的品位形象。

多年以前，网络上曾有一篇点击率非常高的文章《有品位的女孩必读》，内容是针对有志成为有品位女孩的朋友的，文中列举了想要有品位所必须经历的阶段：第一，需要学会观察社会，再从中捕捉提升品位的元素；第二，发掘自己的长处，确定自己在哪方面的品位最有优势，然后有目的地进行学习；第三，不断地从身边的人身上发现对方的品位，但是先要弄清楚，哪些是你应该学的，哪些是不该学的；第四，树立对自己品位的绝对自信，在你获得了提升之后，要相信自己已经成为一个有品位的女孩。

不过在实践的过程中，女孩想懂得品位必须面临非常多的抉择，首先就是必须在实践中反复学习。但是哪些品位需要学，哪些又是没有品位的？想要懂得辨别，最有效的办法，就是从生活中去寻找老师。一种老师是你崇拜的名人偶像，但是另一种老师却更重要，那就是你周遭的好朋友，甚至长辈们。慎选正确的学习对象后，再结合自己的实际状况，才能够提升品位。

还有一项重点，就是女孩必须明白自己的优势和差距，若是差距则需要弥补，但最好先从提升优势方面着手。

假设你很喜欢美术，但对于音乐并不精通，那么在树立品位形象时，就不应该盲目地恶补音乐知识，因为短暂的恶补，不一定能获得迅速的提升，反而可能会失去自我。所以此时应将力道放在加强自己的美术品位，针对你精通的领域进行更深、更广的钻研，挖掘出内涵，并向外界展示你的成功，这样会比一味地弥补不擅长的领域，更能发挥作用。

一个女孩要想提升品位，首先在于正确发挥自己的优点，只有建立在自己优点的基础上，并让别人认识你这方面的特色，才是一种具备恒久生命力的品位。

培养内涵靠日积月累

与品位相关的，就是内涵。内涵和品位有相似的地方，当然也有不同之处，确切地说，品位主要表现在对方与你见面时的第一印象，以及长久交往中，你透露出来的性格、喜好、兴趣等特征。内涵则是蕴藏在品位中，需要着力向别人表现的一部分。所以，内涵和品位既有关联，却不尽相同；内涵既是品位的重要表现，更是实现品位的基础之一。

培养内涵的难度在于是一种长期累积，例如上学的时候，一个人的历史或物理成绩，都可以通过短期的努力学习而有进步，但国文和数学成绩则要靠长期的努力学习，光是考前的临时抱佛脚是没什么作用的。内涵的形成也是同样的道理，并非短期恶补就可以做到，所以要做很多功课。

女作家张爱玲在诠释女人的内涵时，是这么说的：一个有内涵的女人，要做的功课有十几种，小从走路、言谈举止，大到外语水平、阅读的书籍等各种知识的累积。一个女人的内涵基本经历必须是由外到内，再由内到外，在这个过程里，如何吸收外来的营养转化成自己的内涵，是做功课的第一个阶段。而如何将内涵用合适的方式、在合适的场合表达出来，成为大家的焦点，则是功课的第二个阶段。

功课的第一个阶段很漫长，但知识吸收却很快。第二个阶段虽短，实行起来却很困难。因此在第一个阶段，女孩需要长久累积的耐心与正确的选择。到了第二个阶段要做的则是消化所得到的知识，运用这内涵对个人的行为形成思考、正确释放。

至于内涵的形成可以靠三种方式，第一种，就是提升内在修养，包括性格的磨炼。一个有内涵的女孩，必须表现得非常有素养，不论发生什么事情，都能表现出非常良好的教养。关于这一点，除了需要不断的训练，还得时时注意。第二种方式，则是通过拓展自己的兴趣，包括音乐、绘画、文学等文化方面，因为这部分素养的提升，必须经过日积月累的长时间了解，才能内化成自己的知识。而第三种方式，则是在待人接物的举止上要符合礼仪规范，无论是微笑或平时都要表现出端庄大气。

不过对女孩来说，比较难坚持，尤其是性格率真的女孩，若要长时间养成持久的内涵会非常辛苦。有一种特殊课程，名为“淑女内涵培训班”，创立的目的就是为了提高女学员的气质。学习的课

程很多元，包括每天要读一本好书、弹奏一首古筝乐曲、完成一套基本的交际礼仪规范。

这培训班刚开课时，报名的女孩多达百人，但是在经过三个月的培训，最后坚持下来的却只剩下二十人，不到总数的五分之一。由此可见，内涵的培养确实不容易，但是为了拥有一段美好的感情，女孩仍应有更多的恒心和毅力。

一个女孩的品位，或许可以在短期通过形式上的改变表现出来，但是内涵却需经过长期的沉淀和学习。因此必须要有耐心。

由内而外形成优雅女孩

在女孩自我提升的过程中，“优雅”是许多人都想追求的。从表面上看，“优雅”一词非常具有吸引力，谁都想被别人称赞“优雅”。但是实际生活之中，我们又能有多少时候能做到呢？即使表面上，可以时常表现出优雅的状态，但是不经意之间的情绪流露，却常常变成了一种“伪优雅”。

其实优雅的形成，不是一个从外到内的过程，相反的，却是由内而外。许多女孩为了让自己看起来优雅，会特别去研究礼仪方面的学问，例如一颦一笑、举手投足、待人接物等方式。但是缺乏内在气质支撑的优雅，仅仅靠这些刻意模仿的行为，是没有生命力的。

而想要拥有优雅的内在气质，必须具有三方面条件：第一是豁达的个性，也就是说，一个女孩一定要有宽广的胸怀、包容大度的精神，这样才能在日常交际中，让人有开朗大方的感觉。

其次则是稳重的态度，无论发生什么变故，女孩在应对外在事物的时候，都能够临危不乱、从容面对，这样的女孩才会受到大家的喜爱。

最后则是在学识与修养方面，都能够给人渊博的感觉，也就是在言谈中，所说的话语都能切中要领，抓住事物的核心关键，体现自己的睿智，这方面就得靠女孩对于知识的活用，还要加上本身独特的判断力。然而这一切，都不是简单做做样子，就能达到的。

从小生长在优渥家庭的华华，中学时就被父母送到国外读书，一直到取得了硕士学位才回到台湾，并立即被父亲安插到自己的公司担任经理。

员工们虽然表面上不说，但对于这位外貌出众、举手投足都充满了魅力的大小姐，私底下却帮她取了“花瓶”的外号，也在暗中观察这位看起来娇滴滴的空降主管，究竟能有什么能耐。

在大家的想象中，这位含着金汤匙出身，又喝过洋墨水的千金小姐，一定免不了会有公主病。没想到华华不管看到谁，都会主动有礼地打招呼，在主持会议时落落大方，工作勇于创新，让人不得不对她刮目相看。

甚至在公司一度陷入财务危机，引起轩然大波时，也是由华华召开记者会向外界说明，而她那不卑不亢的态度，以及温柔中带着坚定的语气，不但化解了员工的疑虑，也让之前对她存疑的人，见识到她那自信与从容优雅的气度。

可见，优雅的真正形成，靠的是女孩本身内在素质的累积，所以唯有从内养成良好的性格，自然而然就会流露出优雅的气质，根本不需要刻意模仿和伪装。

想拥有优雅的内在气质，其实还有一个关键点，就在于女孩自身修养的提升，不过首先得克服自己性格上的弱点，包括许多女孩常有的急躁、暴躁，以及任性等毛病。另外，则是千万不能将自己封闭起来，拒绝对外交流。因为只有在身边出现很多具有优雅风范的朋友，才能进而影响到自己性格的形成。

女孩不妨记取一句名言：“与芝兰居，久而不闻其香。”优雅的形成，就是必须靠生活中的耳濡目染，才能转变成自己的气质。

但关于这一点，所考验的则是你对交友尺度的掌握，因此你必须睁大眼睛，确定身边都是能够真正帮助你实现优雅目标的好朋友，千万不要被对方的外表所欺骗，让有着不良企图的朋友接近你。

对于女孩来说，要成为优雅女孩，除了得靠自身的修养，同时这也是一种冒险，因为有时必须投身在社交场合中，那里不仅有帮助你成长的老师，也可能有布满人生的陷阱。所以当你决定要成为一个优雅的女孩前，必须先确认自己够聪明、有社会经验，能够对抗许多现实的考验。

独特的判断力让自己更具智慧

在女孩的内在气质中，与优雅同样重要的就是智慧。有智慧的女孩永远都是吸引人的，在《东方》杂志一份调查统计中，询问读者最想娶金庸小说里的哪个女子？结果有90%的被访者，都选择了《射雕英雄传》里古灵精怪的黄蓉，原因就在于她拥有的智慧。

这样的女孩之所以吸引人，是因为有智慧的女孩往往善解人意，能清楚知道另一半心里的想法，所以就能帮他解决心事。其次，有智慧的女孩也能够帮另一半作出事业上的选择，提供值得参考的构想。更重要的是，女孩有智慧往往就能够给男人安全感，让男人愿意对她死心塌地。

但是，成为一个有智慧的女孩会很难吗？其实有智慧的女孩，大约可以分为两种类型。其一就是像《射雕英雄传》里的黄蓉，属于聪明伶俐的类型，这种女孩在第一印象上，就具有吸引人的气质，受到许多男性喜爱。但缺点是，与这种女孩相处久了之后，反而会让男人们感到不自在，因为自己的风头全让她抢光了，反而会

使得感情生活产生裂痕。

另一种则是更高一层的“大智若愚”型的女孩，她们表面看似平凡，甚至话也不多，然而一旦开口，感觉就是至理名言，令人不得不佩服。这类女孩的感情生活往往非常稳定，因为她的智慧通常都透过低调的方式传达，因此对于男性来说，这种智慧不会伤到面子，反而是自己事业与生活的助力。

琼玉与诗妙是前后进入广告公司的同事，因为年龄相仿又谈得来，没有多久就结成了莫逆。不过两人个性却有天壤之别。琼玉古灵精怪、鬼点子特多，长得又很可爱，所以每次公司的企划会议，男同事都喜欢有她参与。不过，让人无法接受的是，只要是她先起头想出的点子，不管经过多少次别人的修正，琼玉都认定是因为有她的起头，才有后面的结果，所以总不忘在主管面前邀功，说自己有多聪明。多次下来，让原本有意追她的男生都打了退堂鼓。

相较之下，诗妙就显得含蓄得多，因为她认为自己还是菜鸟，应该多听取前辈的意见，所以通常开会时很少主动发言，而是用心思考、记取其他人的意见。不过若有人问到她的看法，她总是能一针见血地切入重点。有几次差一点就要无果的企划会议，都因她的临门一脚，提出让人惊艳的创意而定案，也因此让她在短时间之内就由助理升为副理。

想要显出智慧，除了通过展现你从书本上得到的知识外，还可以表现在对事情作出正确判断。知识的积累只是基础，但是独特的判断眼光，则是一个人智慧程度的根本标尺。所以，女孩在培养智慧的过程时，应该把更多的精力放在提升自己的判断力上，要达到这样的目的，一方面，得借由多读书来实现；另一方面，则需要在生活中做更多的“判断实验”，也就是主动去解析生活中许多事物，只有这样，才能形成让别人羡慕的智慧。

聪明女孩需要特别注意的是，自己的智慧不该成为和另一半相处的障碍，反而是促成双方关系的甜蜜良药。因此，记得将自己的才智用在对的事件、释放到正确的地方，这样你的智慧才能彻底占有并俘虏男人的心。

幽默是深受男性喜爱的特质

如果内涵、气质，是一种内在的积累；那么幽默，就是这些积累后呈现的外在表现。有一些女孩会认为，幽默就是耍嘴皮子来逗人发笑。其实，这只是幽默的一小部分而已，而且如果把握不当，幽默也就成了“搞笑”。

有个电视节目曾对男性观众做过一项调查：喜欢的女孩，应该具有哪一种特点？约有三分之一的男性都选择“幽默”。由此可见，幽默是非常受欢迎的特质。在许多男性心中，都希望找到一个有幽默感的女孩。

到底幽默的女孩有什么吸引力？第一，她就像生活中的开心果，可以无时无刻为感情生活带来欢乐；第二，这种女孩通常个性都相当开朗，能够帮助男性分担生活上的压力，也能让男孩拥有快乐的回忆；第三，幽默的女孩较懂得如何修补感情裂痕，尤其当两人之间产生误会和分歧时，女孩常会以幽默化解不快，让感情重归于好。有这么多吸引力，幽默的女孩容易得到男性青睐，也就不足为奇了。

从小就在大家之间扮演着开心果的湘君，尽管有着好人缘，男同学也很喜欢和她嬉笑玩闹，但她的外型颇为圆润，所以谈到感情，总无法像那些身材姣好的女同学般易得到男孩的喜爱。不过幸好她生性乐观，虽然偶尔也会自怨自艾，却能很快就摆脱负面的想法。只是她心中有个遗憾，就是她暗恋的篮球队的队长建明一直把她当成哥儿们，从不懂得怜香惜玉。

某天，湘君看到建明独自在操场上练球，她认为机不可失，开心地跑向前去打招呼，没想到却与他撞个正着。心情原本就不好的建明被这一撞，更是怒不可遏。湘君发现情况不对，便头低低地说了一句："人家不小心'碍'到你了嘛！"由于"碍"与"爱"同音，湘君在道歉的同时，也用幽默的方式暗示了自己的情意，不但消了建明的怒气，心中还对眼前这可爱的女孩冒出一丝爱苗。没过多久，两人便开始交往。旁人对他们的恋情都不可置信，但建明深情地说："我喜欢湘君，因为她能带来其他女孩不能给我的快乐。"

至于是什么原因会使得有些女孩特别乐观又幽默，其实除了先天性格外，另一个因素则是后天的培养。女孩首先必须要有乐观活泼的性格，有时候不见得要活泼，但是乐观的心态却是不可或缺的，因为想法乐观、做事积极正面，才拥有化解愁苦、制造欢笑的利器，也只有这样，才能在生活的积累中形成幽默。同时，女孩还

必须时时在生活中攫取养分，选择制造幽默的因素。

不过，有些女孩常误把活泼可爱当作幽默，其实两者是有差别的。活泼可爱虽是形成幽默特点的前提，但是幽默更多了智慧的行为，则需要靠女孩生活上的积累。比如多阅读有关幽默的书籍，甚至在看一些喜剧片的时候，反复思考其中制造笑料的方法，再加以活用。唯有乐天达观且懂得思考的女孩，才有可能让自己变得幽默风趣。

女孩幽默的方式可透过“借题发挥”，透过日常生活中的细节或琐事，去制造幽默的效果，绝对能为生活平添无数的欢乐，如果女孩能做到这样，就绝对会让男孩离不开了。

让自己成为高EQ的女孩

在女孩的修为中，有着高EQ、不乱发脾气是相当重要的，这样的女孩也具有独特的魅力。这样的女孩，最大的优势就是在于给予男人一种“安全感”，虽然不乱发脾气，也许有时会让男人感到“好欺负”，但经过长期相处，反而会让男人从内心产生由衷的尊重，进而愿意死心塌地地对她好。

为什么高EQ的女孩，会这么具有魅力？其实从感情生活的常识去分析，不难发现，几乎所有男女在谈恋爱时，最在乎的就是感情稳定，双方一旦产生争执，就容易使感情充满变量。一般说来，女孩总是比较容易生气的一方，就如前面提过的，由于女孩往往较为感性，所以对于生活中的许多琐事，甚至一些小毛病，在男孩看来并没什么，但女孩却会因此生气，结果就是争吵，感情逐渐因僵硬而转淡，归咎这一切多半肇因于生气引起的。

因此，若女孩具备了高EQ的特质，不仅容易吸引男人，也是感情稳定的重要因素。当然，这里说的高EQ并不代表放任男人不

管，其实不轻易发怒，有时反而是对付男人的有效武器。俗话说“吃软不吃硬”，在感情生活中，男人就是这样。当女孩越声色俱厉地对待男人，往往得不到好结果，相反的，若用高EQ处理事情，更容易对男人产生震慑作用，因为女孩没生气出乎了他的意料，反而心中有愧，会对女孩更加体贴，这样，反而达到以柔克刚的目的。

家伦曾经有过一个家世、背景、外貌兼具的女友，大家都相当羡慕他，还常说他若娶到这女孩，就可少奋斗三十年。一开始家伦也因自己能结识到条件这么好的女友而沾沾自喜，并小心翼翼地呵护这段感情、处处迁就对方，生活完全以她为中心。但时间一久，家伦发现越来越失去自我，因为只要稍不顺女孩的意，就不会有好日子过，让工作压力已经很沉重的他，感到无法负荷，于是他决定逐渐与女孩疏远。

而因业务关系，家伦常需要与如芝合作，有时还得一起出差。他注意到这女孩从不轻易发脾气，即使面对难应付的客户，也都耐着性子微笑应对，这样一来反而软化了客户的态度，为自己与公司都争取到好业绩。有一次家伦终于忍不住问她：“你都没有脾气吗？为什么没看过你生气？”如芝笑着回答：“生气又不能解决问题，还不如把力气花在解决问题上，事情处理好了，大家都开心啊。”家伦听了，不得不佩服如芝的高EQ，最后他也成了她爱情的俘虏。

要如何才能拥有高EQ呢？所谓“江山易改本性难移”，想做到不发脾气，其实真的非常不容易，尤其一旦感情受到伤害，脾气就会直接爆发出来，在这种情况下，有时实在很难光靠自我控制就能做到，倒是不妨通过提升个人修养来达成。例如在适当的时间，多阅读一些道家或佛家的书籍，体会其中哲理，并且落实在日常生活中，慢慢地磨炼自己的性格，过一段时间后，你也可以是一个人见人爱的高EQ女孩。

女孩在训练让自己不生气的过程，也是在修身养性。所以一旦养成了不生气的性格，不仅对于维系感情有重要的作用，对于身体健康，也有着重要的意义。

温柔的女孩最受欢迎

与幽默相较，柔情似水似乎更普遍被男性接受。在许多征婚节目甚至征婚网站上，许多女孩在介绍自己的时候，都会将“温柔”作为自己的优点展示。同样的，在男人的征婚要求中，也多半会要求应征的女孩要具备温柔的特质。

不可讳言，男人要求女孩温柔似水，很多时候是基于一种“自私”的考虑，因为温柔女孩比较体贴，对男性也不会严格管束，甚至会纵容男人，所以对女孩在“温柔”方面的要求，就成了众多男性的渴望。

要想成为柔情似水的女孩，其中的学问，几乎包括了前面几章的种种特质。女孩的温柔，很重要的方面是出自于品位，只有具备这样特质的女孩，才能够在具体的事情中表现出宽宏大量；同样的，温柔也源自于优雅，因为唯有举止优雅的女孩，才会将她的温柔用最完美的方式表达出来。

而具有幽默感的女孩，也可以为她的柔情似水锦上添花。所以说，女孩温柔的性格，是经过长期培养而来，而不是一朝一夕就能达到的。也因此，女孩必须借由生活中不断的焠炼，才能让自己真正做到温柔似水。

曾在银幕上塑造小龙女形象的香港影星李若彤，就是个很好的例子。年轻时候的她以野蛮著称，脾气非常火暴，但就在她读了一本法国女作家杜拉斯撰写的《温柔女人心》后，决心改变自己，立志成为柔情似水的女孩。

从此之后，她开始大量阅读各种书籍，提升自己的知识修养，并用心学习各种优雅的行为，甚至外出社交时的举手投足也经过练习。她用了将近两年的时间，不但改变自己在朋友心中的形象，成

为大家公认的温柔女子，并让她成功得到扮演小龙女的角色。

可见得，柔情似水的形象不仅能让女孩拥有甜蜜的爱情，更可以在事业上获得成功。

大家都知道，柔情似水是好女孩的重要的特质之一，也是吸引男人的重要因素，所以有许多追求者对温柔的女孩大献殷勤，这是非常普遍的现象。而这对于想拥有美满姻缘的女孩来说，也意味着在感情的竞争中，拥有柔情似火的性格才能拥有“核心竞争力”。

不过，要拥有柔情似水的性格，必须借由智慧和修养的完美融合，也就将智慧上的善解人意与修养上的高EQ两者完美结合，才真正算得上柔情似水的性格。因为善解人意，才能让女孩学会宽慰男人、减轻男人的压力；而高EQ，才能让女孩不管在任何情况下，都能够帮助男人分担痛苦。这两方面的要求，对于女孩来说都具有难度，所以需要靠智慧和修养两方面来提升。

表面上看起来温柔，对于女孩来说只是第一步，真正的柔情似水必须是从里到外，都表现出一种高品位、高修养的特质，而这也是在前面几章都谈过的，必须要学会从内到外的累积，才能真正成为一位柔情似水的女孩。

内方外圆的女孩才能拥有幸福

前面讲的章节谈了许多有关女孩的内在修为，包括品位、涵养、修养、气质、幽默、智慧等，而这些特质的一个共同点，就是“外圆”。

意思是这些特质就是女孩对外的表现，有一种典雅、高贵、宽容的形象，使自己更加充满吸引力，是提升形象和好感的重要方式，但是，女孩得注意千万不要“矫枉过正”，以免变成“内圆”。

前面曾说到，高EQ的女孩对于男人种种行为表面上不生气，这是正确的，但是不生气，不代表女孩对男人的行为麻木、放任不管。同样的，前面也曾提过温柔的女孩，并不是要求她在所有情况下，都对男孩柔情似水。还有智慧问题，也不意味着女孩因为有智慧，就得对男孩无原则的忍让。

其实所有的“外圆”特质，都有个共同点，就是必须要建立在

“内方”的基本前提下。而所谓的内方，就是女孩都要有自己的原则和底线，对于男人的不正当要求，必须坚定地拒绝；他们的脱序行为，也要有容忍的限度，一旦他们的言行超过你容忍的限度，就要适时表现出你的不满。

三十年前著名的电视剧《渴望》，塑造出一个温良贤慧的刘慧芳的角色，这个既聪明又忍辱负重的女性，面对丈夫的种种不良行为，为了家庭幸福宁可选择忍耐；而同样为顾及家庭和睦，当丈夫与家人对自己产生误解时，她也选择了默默承受。但是当丈夫表达出对残疾女儿的厌恶时，她毅然和丈夫分手，选择独自抚养儿女们长大成人。这样一个外表柔弱、内心坚强的女性形象，在当时成为千万电视观众心中的楷模。

虽然刘慧芳在婚姻方面是不幸的，但是摆脱了不爱子女的男人，换来的是与深爱自己的家人共同生活，也未尝不是另一种幸福。如果她无止境地忍辱偷生，继续与诸多不良习性的丈夫生活，才是人生最大的悲哀吧。

所以要成为幸福的女人，外柔内刚是最基本的先决条件，只有内心做到了有原则，所有外在优秀的素质，才能成为真正持久、坚韧的特质。一个没有原则、底线的女性，哪怕外貌再出色，一旦被男人看透其没有底线的本质后，恐怕幸福生活也只是昙花一现，得到的只有爱情的伤害与背叛。

那么女孩的内心又是什么呢？简单说，就是女孩究竟想找到什么样的男人？ 她对男人的基本要求是什么？在和男人交往之前，这些都是女孩心中必须先想清楚的标准，如果没有这样的衡量标准，感情的幸福也就无从谈起。

要做到“内方外圆”最重要的就是在尺度上的掌握，尤其在为人处世上，需要处处注意“尺度”，时刻警惕“过犹不及”。女孩外在的性格表现，应该处于平衡的状态，这样才会得到外界的赞美，并成为大家关注的焦点。而“内方外圆”，正是平衡的体现。

成为雍容大度的成熟女孩

在前面的内容中，讲的都是女孩提升个人修养时需要具备的各种特质，而这些提升，为的都是一个共同的目的，让自己成为成熟的女孩。那么，究竟如何才算是成熟的女孩？成熟的标准有很多，在此不妨引用名作家余秋雨对于成熟的定义："成熟是一种明亮而不刺眼的光辉；一种圆润而不腻耳的音响；一种不再需要对别人察言观色的从容；一种终于停止向周围申诉求告的大气；一种不理会哄闹的微笑；一种洗刷了偏激的淡漠；一种无需声张的厚实；一种并不陡峭的高度。"而这些，正是一个女孩真正提升个人修养后的结果，一个合格标准的"妖精"。

关于"成熟"的定义："明亮而不刺眼的光辉"说的是，女孩给人的第一印象是要拥有雍容大度、典雅高贵的气质。"圆润而不腻耳的音响"则是说，一个拥有优雅仪态的女孩，可以吸引万众目光。"不再需要对别人察言观色的从容"，意思则指女孩有了大气和自信，就不再需要看别人的脸色行事。

“不理会哄闹的微笑”表示一个不再爱生气的女孩，从此变为一个有足够承受力、足够坚强的女孩。“无需声张的厚实”意指一个女孩具备了深厚的文化内涵，拥有高贵典雅的品味与幽默。“一种并不陡峭的高度”是最有学问的一项，意味着一个女孩拥有境界上的高度，但并非是拒人千里之外的遥不可及，相反是面带微笑，等待着属于自己的爱情的到来。若能做到这些，相信就能化身为成熟的女孩。你，一定可以。以下，就让我们来看看一个走向成熟的例子。

曾经是微软集团唯一的华人高层的著名职场女强人吴士宏，她在个人回忆录《逆风飞扬》中，回顾了自己走向成熟的过程。她在二十岁的时候离家到远方求学，“那时候我还小，是一个完全不成熟的小姑娘。”但是就在之后的两年时间，她迅速让自己变得成熟，一方面是因为海外严苛的竞争环境，让她学会迎接挑战；另一方面，因为她在各种挑战中不断地充实自己。

她曾经一个人兼五份工作，甚至半夜三更还在帮助做清洁打扫，此外，她还利用闲暇时间去学习各种专业知识，并且在人生的不同阶段，将自己身边优秀的人才，都当作学习和超越的目标。就在这样的努力下，吴士宏用两年的时间，真正懂得了成熟。成熟，也是让她在后来一次次的竞争中获得胜利的利器。

然而吴士宏是如何让自己变成熟的呢？其实一开始，她在遇到挫折或感情失败时，也不免号啕大哭，但是她后来渐渐学会，即使再难受也要咬紧牙关，甚至微笑祝福对方。在获得成功时，她最初也是欣喜若狂、喜极而泣，不过后来却学会平静面对，而这一切转换的背后所透露的就是：坚强。是的，只有坚强的女孩，才能勇敢地克服这一切，并最终迈向成熟。

成熟的标准很多，而著名作家余秋雨对于成熟的定义："成熟是一种明亮而不刺眼的光辉；一种圆润而不腻耳的音响；一种不再需要对别人察言观色的从容；一种终于停止向周围申诉求告的大气；一种不理会哄闹的微笑；一种洗刷了偏激的淡漠；一种无需声张的厚实；一种并不陡峭的高度。"

5 five

不战而屈人之兵

时下一些流行的情感题材作品，总喜欢把婚姻或爱情用“战争”做比喻，既然是战争，那么不妨引用孙子兵法里的名言：“不战而屈人之兵，善之善者也。”简单地说，就是不必动用到武器与对方决斗就能战胜，显然凭借的就是智谋，甚至忍让的精神，而将这策略运用在感情交流中，也是一样的道理。

在感情生活中，难免会碰到种种现实的矛盾，有的只是鸡毛蒜皮的小事；有的严重时，甚至可能影响到感情进展，这些矛盾都很容易引发成争吵，甚至造成双方情感的决裂。

但是，我们不难发现，之所以会产生这样恶劣的后果，原因就在于我们把矛盾本身当成了战争，所以也就会出现剑拔弩张的场面。其实，在爱情的过程中，我们需要的是化解矛盾，而不是强化矛盾。而化解最好的方式，就是“不战而屈人之兵”。

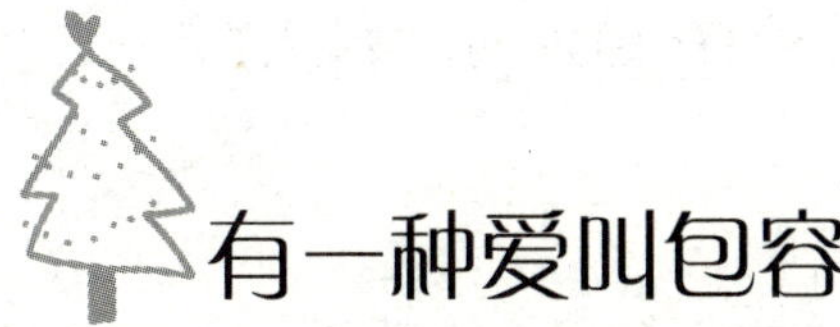

有一种爱叫包容

在化解矛盾的过程里，包容是其中非常重要的要素，或许可以换个角度说，有一种爱叫包容。

包容的意思，就是去体谅一个男人的缺点，当然，这种体谅是有条件的，也就是对方的缺点必须在你容忍的底线内，否则若是没有原则的包容，有时候反而会加剧感情的危机，有许多例子都可以证明。所以，包容在可接受范围内的缺点，这种包容才能作为爱的前提。

女孩在感情上所要包容男性的层面，其实是很广的，大略可分为以下几方面：第一，包容男人的小缺点，例如生活上的小瑕疵、性格上的小脾气……在以不伤害感情为原则的小事上，都可以选择包容；第二，包容男人从前犯下的错，只要他愿意真心地改正，并且用行动证明，就应该给予谅解和宽容；第三，包容日常生活中的小摩擦与小矛盾，如果两人发生争执，甚至在男方蛮不讲理的情况下，只要这种伤害是无心的，女孩有时也应该适度体谅。

法国有位女作家曾说："感情，就像是水和石头的碰撞，女人是水，男人是石头，结果就是男人这块石头的棱角，被女人的水一天天磨平。"有个案例就可以说明。

导演杨德昌在《光阴的故事》这部电影中，讲述了一个融化男人的故事。片中主角小志，原本是一个非常倔强、个性强烈的男人，他谈过许多次恋爱，每次都要求女孩无条件的顺从他，女孩当然不愿意，因此他分手过很多次。直到后来，他遇到了爱莲，这个女孩无条件地包容他，例如小志若要爱莲烧饭、做菜，女孩从不拒绝；小志有时候发脾气，女孩也会主动开导，甚至像姐姐般哄着他，而就在这样的过程里，小志对女孩的态度开始软化，从原先的趾高气扬，到后来再也离不开。直到最后，他终于向爱莲说出了在自己心里的话："我这一生都不能没有你，永远也不能。"

在古典名著《红楼梦》中，贾宝玉也曾说过：男人是泥做的，女人是水做的。在这个比喻中，大家不难想象，泥做的男人最终一定会被融化在水里。同样的，在恋爱的过程里，无论什么样的男人，最终都会找到"制伏"自己的女人。所以女孩若身边已有个值得自己付出情感的男人，那么很重要的就是要学会去融化他。

包容一个男孩，从表面上看似乎很简单，但是事实并非如此。因为要做到包容，意味着女孩得承担很多委屈，而且要能够懂得释怀，所以即使无法乐观看待，也必须拥有雍容大度，而这一切，就得靠女孩自己提高本身的修养与素质了。

女孩想要做到包容男人，就得要用像水一样的性格，一点一滴地去改变对方，相信他的个性再坚硬也如石头一般，总有一天也会因女孩的包容而改变，并且死心塌地地爱着你。

如何对待男人的谎言

在包容的学问中，女孩往往面临一个现实的问题，如何对待男人的谎言。

香港女作家李碧华在她的作品《霸王别姬》中，曾有一句台词："男人，是这个世界上最爱撒谎的动物。"如果认真审视许多爱情生活中的实际情况，这句话确实不假。

男人喜欢对女孩撒谎，其实从追求女孩的时候就开始了，为了得到女孩的芳心，男人总是想尽各种办法，把自己的优点说得天花乱坠，却拼命藏住自己的缺点，甚至还会故意抬高自己的身价、吹嘘自己的成就。

尽管两人已经正式交往，男人的小谎言有时候往往也不断，例如晚回家的原因明明是去喝酒，却说是去加班；或是流连于娱乐场所，却非要说是在朋友家聊天等，但这些都只是小事情上的谎言；在大事上欺骗妻子，许多男人也做了很多。

为了对付男人的谎言，女孩们往往想尽各种办法，像是对老公夺命连环 call，掌握他所有的行踪，有的女孩甚至会因为一点小谎言而和男人大吵大闹，但是这样做的后果，经常适得其反。

所以对待男人的谎言，关键在于了解他撒了什么样的谎，原因是什么？目的又是什么？若他只是针对生活上的琐碎事说小谎，女孩千万不能因此就选择包容，但也不能过分小题大做，为了芝麻蒜皮小事就吵翻天，这些都是不明智的做法。最聪明的方式，就是开诚布公地和另一半把事情摊开，问清楚他撒谎的理由，重点是让他知道，不管做了多么恶劣的事情，撒谎才是最糟糕的。只有让男人这样，才能提高他的诚信度。

政达是个个性海派的人，最喜欢邀三五好友齐聚在家中喝点小酒，却因此常常被老婆美华碎碎念，但因为政达实在太重视朋友了，所以只要一有人找他出去，就会立刻赶着出门。由于家中还有两个小孩需要照顾，所以美华都只能用电话监控政达的行踪。

刚开始政达若临时要出去时，就会骗美华说是客户要找他谈事情，美华为了顾全大局都隐忍了下来，也不曾多问什么。不过后来政达外出的次数过多， 回家时身上也都残留着烟味与酒气，有时甚至还夹杂着像是女用香水的味道，美华才发现问题不简单。

最后美华干脆采用夺命连环call的方式，每隔半个钟头就打电话给政达。由于电话打得太频繁，让政达不堪其扰，终于与美华爆发激烈的口角。而就在这次的争吵中，美华才知道，原来过去都太相信政达撒的谎，从不多问他关于客户的事，而所谓的客户竟是老

公的秘密情人，现在两人生米已经煮成熟饭，要挽救这段婚姻已经来不及了。

由于男人的谎言防不胜防，所以可以分成可以容忍和不可以容忍两种类型。可以容忍的谎言，包括生活中的琐事，在提醒了他之后就可以选择包容，但如果是不可容忍的谎言，例如他真的做了对不起你的事，那么就赶紧分开，才是最明智的选择。女孩必须要明白，容忍应该要有底线的，即使再包容的女孩都该如此。

台湾女性心理学家杨中芳女士，说过一段话：女人应该明白，重要的不是男人撒了什么样的谎，而是你究竟想要什么样的男人，其实甚至在认识这个男人之前，这个底线就应该确立。有了这个底线，在对待男人的谎言方面，就容易处理多了。

对于突破了底线的谎言，坚决不原谅；没有突破底线的谎言，可以原谅。这样的做法，一方面可以驾驭男人，另一方面倘若一旦感情无法挽回，自己也不致受伤太深。

对待男人谎言最难的一点，就是设定底线。从大多数的婚姻悲剧中可以知道，女人对于男人说谎，往往会选择极端的做法，要不就是毫无原则的宽容、放纵与忍让，直到最后，男人越来越猖狂，主动结束这段感情，另一种则是毫无理由的锱铢必较，当然最后的结果就是两败俱伤。

男人的罩门都一样

在和男人相处和交往时，女孩除了应该对他的优缺点多加了解外，另一件重要的事情，就是要知道他的罩门，因为不管对方是否是你心仪的对象，了解他的罩门，都是避免你和他在交往时受到伤害最好的方式。

那么，男人的罩门又在哪里呢？

其实，对于大多数男人来说，他们的罩门大都相同，关键在于，女孩是否能利用好男人的罩门。其实说穿了，就是性格决定命运，只要男人在性格上有共同之处，罩门也就人致相同，通常都表现在以下方面。

一是好面子，即使真心爱你，有时却拉不下脸，尤其是两个人发生冲突时，想让男人主动承认错误，但对方往往碍于面子而不愿先让步。二是男人多半好大喜功，喜欢吹嘘，和自以为是，以掩饰缺点。三是很多男人都有大男人的一面，总认为自己说的、做的都

是对的，女孩的见识根本不如他。而这些都算是男人的罩门，在与他们交往时不妨善加利用。

就第一点好面子来说，如果追求你的那位男性，并不是你欣赏的类型，那么在拒绝他的时候，就尽量不要在大庭广众之下让他难堪，而是透过适当的方法，私底下跟他说清楚，但如果是你喜欢的男性，则不妨在大庭广众之下，让他可以在你面前出风头，这样的做法，有时甚至将成为男人一生中难忘的甜蜜回忆。

而针对男人的好大喜功，通常是在向女孩献殷勤的时候，他们常会不计成本，拚命地想用金钱和礼物来俘虏女孩。如果一个女孩轻易表现出心中的喜悦，便很容易会让对方有成就感。

所以，若想确认一个男人对你是否真心，可以与对方保持若即若离的状态，同时不断让他有对你示好的机会，再观察他是否是适合你的人。

至于男人的第三个罩门，比较容易发生在两个人交往后，此时，女孩最需要做的，不是让他予取予求，有时候索性让他碰个软钉子，一旦得到了教训，男方之后就会比以前更加尊重你。

可璇是个人见人爱的女孩，在一次朋友的生日派对上认识了强森。强森有着深邃的轮廓，个性又大方爽朗，因此很快就掳获了可璇的心。

帅气又多金的强森，是许多女孩眼中的白马王子，他自己也深知这一点，所以作风不免有些大男人，认为所有人都应该以他的意见为意见，因此他不但习惯对可璇发号施令，任何大小事也都由自己决定，从不先征询可璇的想法。偏偏可璇也相当有主见，并不想成为一个逆来顺受的小女人。

前几次两人约会时，可璇碍于礼貌，都忍着不发表自己的意见，终于在她生日那天，强森依旧自以为是地订了一家高级的法国餐厅后，直接对可璇说："晚上六点我去接你，然后再去吃大餐帮你庆生。"

没想到可璇竟回答："不好意思，因为你一直没问我有没有空？所以我已经答应家人，今天会留在家里和他们一起过。"聪明的强森当然听出可璇话里的含意，自此之后，他在作任何决定之前，一定都不忘先与可璇讨论，因为懂得了互相尊重，两人的感情也变得越来越好。

所以说，大多数女孩最需要做的是，在短时期内"认识"你的男人，至少在与他交往的时候，尽量去了解他。如果一个女孩连她

的男人有哪些弱点都不清楚，那么感情的幸福也就无从谈起。

当然，女孩要注意的是，了解一个男人的罩门，并不是为了驾驭、控制他，反而是为了给他更多的温暖，能够好好地关心并照顾他，只有这样，才能真正营造一个温馨美满的家庭。

女孩在面对男孩的罩门时，可以做两件事，首先就是找出他的弱点，其次则是利用他的弱点。就像已故作家三毛说的："一个聪明的女人，起码应该做到，在你结识一个男人的时候，打量几眼，就要把这个男人的心思摸得差不多。"

学会睁一只眼闭一只眼

前面曾经说过，女人要善于发现男人的缺点，但同时，女人更需要发现男人的优点，不要因为发现他的缺点后，就去挑剔他，这样做的结果，只会让整段感情受到极大的伤害。

因此在和男孩交往时，对他最好有全盘了解，但如果对他的言行太过锱铢必较，却未必是一件好事。一个女孩更应该做到学会睁一只眼闭一只眼。也就是说，认清一个男人，应该是看他主要的表现。

世界上没有十全十美的人，感情生活更是如此。任何男人都有缺点，关键在于如何看待。有一句关于爱情的名言："初恋时，一点点的优点，都会被放大来看；再多的缺点，则只被当成一点点，但是等到真正投入这段感情，看法就都反过来了。"

也就是说，随着初恋时候的激情渐渐消退，爱情恢复到理智和平静时，男女交往不免会面临到新的考验，此时，对于与自己交往的男性，其原本被视作优点之处，你会感到非常的微不足道，但是他的缺点却被突显出来。虽然这是每一段感情都会经历的过程，但关键是，你怎么面对这个过程。

其实在这个过程中，必须厘清两种情况：一种是这个男人原本的缺点或许并不严重，却因为一些琐事让你对他产生误解；第二种情况则是，你们两人根本就不适合，但在交往初期，激情掩盖了一切，才使得你没有发现这一点。

因此，如果是第二种情况，选择理性分手是最明智的做法；若是第一种情况，你则需要学会欣赏他的优点。一旦正确判断出自己究竟陷入哪一种状况，就能够轻易地将眼光从单纯的缺点上转移出来。

有一个例子可以与大家分享。有位男性上班族，曾在《新新周刊》上发表了一篇文章——感谢我的太太。内容主要是说，家境贫寒的他，在大学毕业时，当时还是女朋友的太太对他说："我相信能在学校里考取第一名的男人，也一定会是社会上的第一名。"毕业后便义无反顾地嫁给了他。

他在职场遭受到第一次危机、被老板炒鱿鱼时，他的太太又说："炒你的鱿鱼，是你老板的损失，我相信可以在一个晚上做出报表的男人，绝对是这个时代最需要的人才。"当他和别人竞争失败、错失经理职位时，太太仍旧鼓励他说："你才二十六岁，在我们身边，有谁这么年轻就得到这样的机会？"

就是这样，在他每一次遭到挫折的时候，太太给他的永远只有鼓励。而在太太不断的支持下，他终于突破了事业的瓶颈，一步步走向成功，并成为一家大公司里最年轻的高阶主管。当他一接获这个任命，立刻兴奋地写下这篇文章，文中特别提到："感谢上帝，赐给我一个永远只看到我优点的太太。"

想做一个幸福的女人吗？就从发现男人的优点开始吧！

微笑是女孩最好的武器

有人说，眼泪是女孩对付男人的最好武器。这个说法似乎颇有道理，因为在很多电视剧中，每当女方流泪，就会令男方陷入慌乱，无论之前有多么大的冲突，都会因女孩的痛苦而烟消云散。表面上看来，女孩用眼泪对付男人屡试不爽，但事实上，这种做法一点都不好。

内地妇女联合会于2009年抽查的一百件离婚官司中，由男方主动提出申请的离婚官司里，其中有80%的男方都表示，女方常用哭泣威胁，让人实在无法忍受。这话清楚地说明了男人的真正想法。也许女孩用哭泣的方式 可以换取男人暂时的让步，但让步的背后，则是造成婚姻无法弥补的元凶，在此状况下的伤害，很多都是隐性的。

东森电视台有一集针对五十位职场女性的调查结果显示，一个女孩的微笑和其家庭生活幸福度是成正比的。喜欢微笑的女孩比较容易得到团体的认同，并且找到真心爱自己的男人；喜欢微笑的太太，则能够拥有疼爱自己的老公。电视台将这个情况称为“微笑改变人生”。对于女孩来说，显然微笑确实是得到幸福的重要武器。

再看另一份资料，2009 年山东举办了金婚节活动，邀请十对结婚时间超过三十年的老夫妻，十位丈夫都被问到，妻子在哪一方面的行为最令他感动？有五个丈夫的回答都是：微笑。而获得柏林电影奖银熊奖的著名电影《我的父亲母亲》中，也有这样一段经典的台词：母亲能够得到父亲的爱，是因为无论在什么样的情况下，她都拥有最灿烂的笑容。

佑霖遗传了父亲的好体格，从小就是个运动健将，从中学时代就担任学校篮球校队队长。他那傲人的身高，加上阳光般的笑容，不知迷倒多少女孩。只是看似有着好人缘的佑霖，虽然心地善良，但脾气却不好，只要遇到不顺心的事，就很容易发怒，即便面对的是柔弱女孩，也不懂得怜香惜玉，所以曾经交往过六七个女朋友都失败了，原因就在于每次他发脾气的时候，总会吓哭对方，他又不善于处理这种状况，因此最后都只有分手收场。

由于佑霖认识的女孩，都很容易被他弄哭，让他一度认为他不会再交到女友。直到他遇到总是笑脸迎人的薇薇。每次看到他发脾气，薇薇就会笑着问：“你怎么啦？可以跟我说什么事情惹你生气吗？”那张笑脸似乎有种魔力，佑霖只要看到薇薇温柔的微笑，气

就全消了，于是他就这样被薇薇所打动，自己的脾气也收敛许多，两个人从此就再也没分开了。

微笑之所以是女孩对付男人最好的武器，原因就是由于男性的脾气都较火暴，而眼泪有时候不仅无法灭火，反而让原本已经心浮气躁的男性，心里更烦闷，但此时若看到的是微笑，既可达到缓和气氛，又有化解怒火的效果。所以睿智的女孩，都喜欢面带微笑。

用眼泪作为对付男人的武器，是一种相当不明智的行为，因为眼泪不仅无法挽回男人的心，反而会拉大双方的距离，在许多感情的案例中，都证明了这个事实。所以说，女孩的微笑，才是真正能够对付男人的武器。

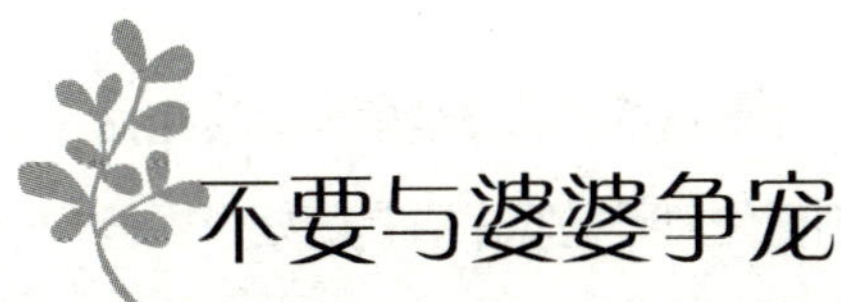

不要与婆婆争宠

在婚姻中最复杂的相处关系之一，就属婆媳关系了。

作家郑渊洁在形容婆媳关系时，有这么一段精辟的评语："普天下做母亲的，都有一个奇怪的心态，儿子是自己种出来的果子，如果没人摘的话，心里就干着急；真的有人摘了，却又不甘心。"其实在与家人的相处上，婆媳关系的微妙处就在于这种矛盾心态。

通常母亲都会希望儿子能够找到一个称心如意的女孩，但是，当儿子真正有了对象，母亲又担心儿子娶了老婆却忘记了自己，而这种矛盾心态使得再通情达理的婆婆，在看待媳妇的时候，都免不了戴上有色眼镜，用挑剔的眼光在自己和媳妇之间做比较。

如果儿子哪一件事上稍微听从媳妇而不是自己，母亲就会耿耿于怀，甚至把火气发在媳妇身上，但有些媳妇却认为，丈夫对自己的好是天经地义，婆婆不应该这么斤斤计较，于是双方就产生了心结。往往小矛盾累积多了，就变成了大问题。

而这样的矛盾该怎么解决呢?

其实解决的关键，就是记住一件事：不要和婆婆争宠。这句话的意思其实是说，做媳妇的要时刻记住自己是晚辈、是媳妇，不但不能和婆婆计较，更应该通情达理地和丈夫一起孝顺婆婆。

有时婆婆暗中与媳妇比较，是因为担心儿子不重视自己，把自己降到和媳妇相等的位置。为了避免这种情况，媳妇应该主动降低自己的身份，把婆婆放在更高的位置上，让婆婆有被尊重的感觉。其实婆婆在意的就是面子，只有在感到没面子的时候，才会计较一些小事。如果解决了这问题，很多事情在婆婆眼里，也都没那么重要了。

国璋是家中的独子，在他念国中时父亲就过世了，所以一直以来，都是由母亲独自将他抚养长大，直到他上大学后靠着当家教赚钱，母亲肩上的重担才变得较为轻松。国璋深知母亲的辛劳，所以很早就立定志向，将来一定要赚大钱，娶个孝顺的好老婆。

在他开始交女朋友的时候，他都会先和对方说清楚，将来若结婚，唯一的条件就是得和母亲同住。不少女孩听到这条件，都选择了放弃交往，唯独梦苹接受了这个条件，也顺利成为国璋的妻子。

刚新婚时，为了显示对老婆的疼爱，国璋常常会主动夹菜到梦苹碗里，却忘了母亲就在旁边。倒是机灵的梦苹发现婆婆的脸色不太好看，便会赶紧再夹一块肉给婆婆，并不忘说：“妈，这道菜是国璋说你最爱吃的，所以要我特别煮的，你尝尝看合不合胃口？”梦苹的一番话既帮老公做足了面子，也让婆婆感觉到他们的孝心，在日后的相处上，自然是一家和乐融融。

澳洲墨尔本著名的华文杂志《墨尔本华人扫描》中，有一篇讨论媳妇和婆婆应该谁让着谁的专题，里面访问了一百个华人家庭的婆媳关系，得到的结果是，懂得谦让着婆婆的媳妇，既能够获到婆婆的喜爱，也能和丈夫长期保持感情的稳定。与婆婆天天针锋相对的媳妇，则容易被丈夫抛弃。 这则调查的数据显示，在受访的一百个家庭之中，有五十个家庭是夫妻和睦相处的；三十个家庭则是夫妻分裂的，甚至离婚，而离婚的主要原因就是婆媳不和。

不少离婚妇女在反思自己离婚原因时，都曾后悔地说：“当年，我只是为了和婆婆争看看丈夫到底比较爱谁，没想到却是完全失去了丈夫。”所以，在感情生活中，正视和婆婆的相处之道，甚至把婆婆当作自己的母亲，是所有的女人在婚后必须注意的事情，万一处理不当，婆媳问题就可能成为婚姻不幸的杀手。

会装傻的女孩最可爱

有个成语“大智若愚”，用在感情生活中，很适合作为许多女孩的座右铭。

女孩重要内在修养之一是智慧，但并不表示是锋芒毕露，相反的，有时更意味着要大智若愚。因为懂得在一些事情上装傻，不但不会有损女孩的形象，反而比聪明外露的女孩更具吸引力。

著名小说作家六六有一句经典名言：“一个会装傻的女人，会让男人感到更加难舍难离，因为她的装傻，不仅仅让男人在自尊上有优越感，还能让男人感到轻松。”懂得装傻的女孩之所以较有吸引力的原因之一，就在于让人感到“轻松”二字上。

通常这样的女孩，往往会透过装傻的方式来分担男孩身上的压力，让他稍微放松。因为男人的自尊心都很强，和一个喜欢耍聪明的优秀女孩交往，有时候会有很大的压力，因为必须时刻提心吊胆，否则一不小心，就可能被她识破什么，而不慎惹恼了她。

但若是会装傻的女孩，就不用有这些顾虑，而且她们还会在男人情绪低落时，让对方开心。此外，会装傻的女孩还有另一个优势，就是很容易打入男孩的交友圈，建立良好的人缘。

那么，女孩应该如何“装傻”呢？其实有三方面可以表现。第一，对待丈夫与他家中的纠纷，特别是丈夫与他家族的伯叔辈或兄弟姐妹，甚至他的父母亲的问题，有些不要介入过多。因为你虽然是他的妻子，但是面对丈夫自己家族的问题，你却是一个实实在在的外人。

第二方面，就是丈夫本身出问题时，无论在工作或与朋友相处方面，女孩的介入有时只是火上加油，在大庭广众之下，应该学会为丈夫留面子，把决定权留给他，自己只要做一个好的倾听者。

第三方面，则是在面对夫妻关系上，有时候明明是丈夫的错，甚至是他刻意隐瞒，这时女孩偶尔不妨装迷糊，但并不意味着是纵容或漠视，而是为了让丈夫保有自尊。只有这样才能让夫妻的感情，永远存在着转圜的空间。

一个会装傻的女孩，其实才是真正的聪明人。就像法国女作家杜拉斯所说：“装傻的女人其实并不傻，因为她们最知道自己需要什么。”

会走弯路的女孩最聪明

在婚恋感情中，人人都希望能够有快捷方式，但事实上，适时地绕一下弯路，会比走快捷方式好处更多。

知名女作家刘丽英写过一篇短篇小说《翻山》，说的是两个人一起去爬山， 看到山路中间有一条近路，其中一位选择走近路，结果走了才发现，这条看似平坦的道路上，却充满了豺狼虎豹。他历尽危险、伤痕累累，终于走到山的对面，却发现他的伙伴、那位宁可绕远路的朋友，已经在目的地等他了。原来这位伙伴很聪明，选择了一条人迹罕至的道路走，一路上相当平顺，也没有遇到任何猛兽的袭击，很快地就抵达终点。

在感情生活中，其实也面临着快捷方式和弯路的选择，很多人对于太容易得到的感情，因为没有经过波折，所以不懂得珍惜；然而得来不易的感情，由于有了牢固的基础，反倒不易失去。这就是弯路和快捷方式之间的区别。

所以女孩在处理感情问题，也是相同的道理。当你邂逅了一个自己喜欢的男性，可能会主动出击或是轻易接受他的追求；也可能若即若离，慢慢相处来增进感情。多数渴望美好爱情的女孩，也许会选择前者，但是问题是，轻易就坠入爱河的感情，最后却常以悲剧收场，因为当两个人从一条平坦大道进入爱情的山林时，途中还需经历凶猛的豺狼虎豹的考验，这一点，有许多感情故事都可以验证。

至于走弯路的背后，其实蕴藏着另一个含意，意思是说在爱情生活中，有些看似单纯的问题，必须以较多角度的复杂面去观察，这个窍门往往运用在感情出现裂痕，甚至发生争吵的时候。例如当男友做了对不起你的事，最简单的方法不是选择分手或是一味地原谅，但是聪明的女人，有时不妨把这个问题“复杂化”，因为感情出现问题，表示当中必定有许多复杂的因素，试着自己反思同时，鞭策对方共同找出原因，才有重新复合的可能。

电影《我的爱》当中就有这样一个故事，开始是以一对恋人的争吵揭开序幕，男孩愤然摔门而去，在这种情况下，女主角小美本来可以选择分手，但是她却选择了长时间的寻找，即从生活的各种方面，来探寻男孩的心，找到感情破裂的原因，最终小美用自己的努力挽救了感情，感动了男孩。走弯路的结果，是幸福的星光大道。

所以在面对感情的选择上，宁愿在进入爱情的丛林之前，多绕一些弯路，甚至多一点曲折，这样既能巩固感情，又让恋爱中的双方体会到真爱得之不易，才会更珍惜这段缘分。

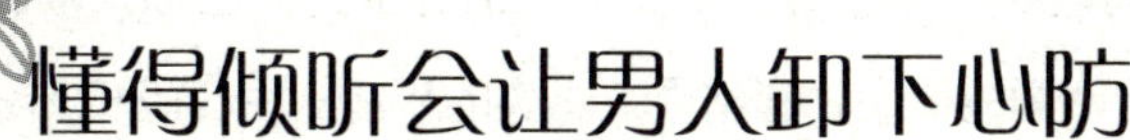

懂得倾听会让男人卸下心防

在前面的章节，谈了很多“攻心”和“防心”的问题，其实在某些情况下，女孩也可以反客为主，不要只等着男人去卸下你的心防。有时女孩不妨用自己的方式反其道而行，或许还会让男人对你敞开心扉，而诀窍就是“倾听”。

男人们总爱闲女人唠叨，在他们的印象里，女性喜欢诉说，男性则偏向倾听，但其实在男性的心中，往往有很强的倾诉欲望，只是他们有比女性更强的自制力，因此绝不轻易对人吐露心声。

但是，当一个男人对女人展开追求的时候，情况就变得很不一样，有时候为了得到女孩的心，男人愿意营造各种机会，用倾诉的方式来表白真心。只是女孩遇到这种状况时，需要善加辨别对方究竟是花言巧语，还是真情流露。所以在这个过程中，女孩就需要借由仔细聆听，来确定一个男人是否真的值得托付。

不过，倾听并不代表着一言不发，一味地听着对方的发言。

所谓的倾听，与其说是一种态度，不如说是一种技巧。当男人倾诉时，女孩可以透过自己的方式偶尔用一两句话引导话题，若是已经说到关键之处，你还可使用技巧把话题引到自己感兴趣的方面，并且随着话题的衍生，套出男人真实的想法。用冷静和心灵武装，去发现真实的他，从而看清对方的真面目，千万不能被男孩的甜言蜜语所打动。

大学一毕业就步入礼堂的治远与小乔，结婚已经超过二十年，两人之间一直保持良好的互动，旁人对他们的好感情都羡慕极了。曾有人问他们如何维系和谐的婚姻关系，小乔只是面带微笑地望着治远说："其实很简单，我就把自己当成他情绪的垃圾桶。"

她接着说："男人与女人最大的差别，就在于女孩只要感到有委屈或不如意，一定会找自己的母亲或好姐妹倾诉。但男人爱面子，无论哪一方面不顺遂、不愉快，都宁可往肚里吞，时间一久无处发泄，只要逮到机会就可能会乱发脾气。与其变成出气筒，我宁可当垃圾筒。"

所以小乔的做法就是，每天晚上等治远下班回家，会先为他冲一杯热咖啡，就着晕黄的灯光，与他聊聊这一整天下来所有大大小小的事，并让他尽情抒发，自己绝不插嘴，除非她听到他似乎有些抱怨，才会再深入询问，并提出自己的想法或建议。

一段时间之后，治远发现透过这样的聊天方式，不但让他可以适时吐露心事，对于增进夫妻的情感也有极大的帮助。

女作家琼瑶也说过，一个优秀的女人、称职的太太，应该学会让自己成为男人的“知心姐姐”。这句话很有道理，因为男人在社会上承受着许多压力， 内心往往有着希望被倾听的愿望，在这样的情况下，女人就需要主动扮演起倾听者的角色。

知名的资深演员归亚蕾就是一个好表率，归亚蕾女士最让人羡慕的地方，除了她在戏剧上的成就，还有就是拥有一个幸福的家庭，夫妻之间情感历久弥新。根据归亚蕾透露其中的诀窍，在于她一直都扮演老公发言时最佳的倾听者。也就是说，每次老公遇到挫折，归亚蕾总会耐心地听老公诉说，并且主动为他排忧解难。 正如前面文中说的，想要成为幸福的女人，必须是男人的精神支柱，而方法就是让自己成为男人的倾听者。

倾听的主要目的在于了解这个男人是否值得托付，如果确认是的话，就可以透过倾听的过程，让他知道，你就是他一直苦苦寻找的知心人。而在这个过程中，让他对你的爱升华到一种精神上的依恋。只有这样的爱情，才能长久稳固。

学会赞美你的男人

当找到了一个自己深爱的男人，如何才能牢牢抓住他的心呢?

之前已经说过很多有用的做法，包括透过内在气质、外在表现来打动他；利用倾听分担他的压力等，让他对你产生精神上的依恋。但是在这众多方式中最核心的做法，就是学会赞美你的男人。

所谓的“赞美”包含着两个方面的意思。第一，让你所爱的男人有足够的自信。许多女孩可能不知道，男人的信心有时候是靠女人赋予的，尤其看起来越坚强的男人，却更依赖女孩给他自尊、自信，因为在他的心里，如果有自己的最爱支持，就等于有了精神的泉源。

这种情况并不代表他是懦弱的，反而说明了男人性格中的另一面，而对于深爱着他的你来说，这不应该是一种负担，相反的，应该是一种责任和骄傲，因为这意味着你已经成为他的精神动力。

此外，还有另一层意思，就是你需要在公共场合，特别是有你朋友出席的场合中，替你的另一半树立起威望，建立他坚强、优秀，以及对自己体贴备至的一面，让他在你所有的朋友眼里，成为优秀男人的代表。

借由这样的方式，他在你面前也会更有自尊和自信，也才能真正成为你的依靠，成为带给你安全感的好男人。每个渴望拥有一个完美男人的女孩，都必须要牢记一个道理：完美男人是需要精心塑造的，而你自己就是最好的设计师。打造一个优秀的完美男人，同时意味着亲手营造属于自己的幸福，而这股力量，就握在你手中。

学会赞美男人有三个重点。第一，理解你的男人，当他遇到挫折时，试着帮他找到不能改变的客观原因，帮他重新建立信心。

第二点，在公开场合为他做足面子，像是与他参加自己的死党聚会时，利用一切机会赞美他，让他感受到别人赞叹的目光。

第三点则是无论在日常生活或是事业上，对于他不小心犯下的错误，都要先以鼓励为主。只有这样的女人，才能让男人不离不弃。

six 6

每个女孩都是天使

曾经有一首诗，几乎打动这世上所有的女孩：每个女孩都是美丽的天使，上帝派她们来人间寻找真爱，如果不能找到真爱，她们就要回到天堂，从此再也不能返回人间。

是的，这首很美的诗，是写给这个世界上所有的女孩，诗歌的内容不是赞美、不是吹捧，而是在说一个最简单的事实——每个女孩都是天使。包括此时正在阅读的你。

因此身为女孩，必须要有这样的信念：你，就是天使，是上帝派到人间寻找真爱的天使。而一份真正的爱情，不但需要寻找，更需要精心营造。

那么天使应该如何完成上帝赋予的使命呢？这就是本章的内容。

不要放弃你的梦想

日本漫画家宫崎骏的作品里，曾出现一段问答，小鸟问妈妈：“为什么人类没有翅膀？”鸟妈妈回答：“人类是有翅膀的，他们是上帝派来的天使，只是上帝让他们把翅膀化成了梦想，从此藏在心中。”

所以，每个女孩作为上帝派来的天使，最重要的，就是要精心呵护好你自己的翅膀，也就是梦想。

只是这个梦想太脆弱，很容易就被摧毁。因为现实的世界本来就很残酷，爱情中充满了各种欺瞒，很多女孩在一开始接触爱情时，原本都怀抱着纯真而美好的幻想，然而一旦幻灭，她们就会因为失望而放弃梦想。但是爱情的梦想是上帝赐予天使的礼物，尽管得到礼物的过程相当曲折，都不该轻易放弃，因为那就是你的梦想。

有位香港节目主持人曾经说过：从女孩到女人要经过十多年，

在这段时间，女孩会得到很多东西，也相对失去很多，但是有一样东西却无论如何都不能丢掉，那就是梦想。不管是生活的梦想或是感情的梦想，这都是女孩最需要呵护与珍惜的东西。

综观许多成功的女人，在她们人生的道路上都有一个重要的力量，就是她们始终呵护并不曾放弃自己的梦想。

洁西还在念中学的时候，与大多数同学一样，对于未来究竟要从事什么工作完全没概念。当时她的大哥已经就读于大学的新闻系，课余之际，经常约同学到家里讨论功课，大家聊天的内容不外乎都是课业上的事情，或是课堂中教授与同学间互动的趣事。

由于洁西对于这个科系并不了解，常常都只能安静地坐在一旁听这些哥哥姐姐们高谈阔论，但是在她心中却开始有了想象，一方面是对于大学开放的学风感到十分向往；另一方面则是幻想，若是自己未来也念大众传播科系，就可以到电视台当主播，每天在电视机前对着全国观众，报道一天中发生的事情，感觉应该相当具有挑战性，也相当有趣。因为这个简单的梦想，洁西付出了十多年的努力，终于在二十七岁生日时，顺利做上主播，成为家喻户晓的媒体工作者。

可见，保有并延续自己的梦想，总有一天一定会达成愿望，也许需要很长时间或是遇到很多挑战，但只要不放弃，女孩就能永远具有拥抱梦想的希望。

在爱情的道路上，也是同样的，无论面对多么艰难的环境、多么沉重的伤害，只要牢牢守护住心中的梦想，那份对于爱情的渴望，有一天终究会被实现。

大家都说女孩天生爱做梦，而天使的身份提供了女孩做梦的权力，或者应该说，女孩还在少女懵懂的阶段时，都有一份对于爱情的浪漫憧憬，只是这份憧憬应该化为力量，成为寻找真爱道路上的明灯，因此每个女孩都该为了梦想，付出智慧与努力。

自己才是最重要的

在人生的道路上，女孩会遇到很多重要的人，例如家人、师长、朋友…… 都是最重要的，但当你遇到心仪的男孩时，他就成了最重要的。因为重要的事物总是不断变换，所以有时候在面对爱情时，女孩甚至比男孩更不怕牺牲。不过女孩必须明白，任何被视为重要的人、事、物，相较起来，都比不过“自己”，唯有自己才永远是最重要的。

在爱情的道路上，不可避免会有牺牲；在爱情的探索中，也不可避免会有弯路，常会遇到得与失的两难问题，面对这些，你可能不知道什么才是最重要，但因为女孩是天使，而天使是上帝的宠儿，所以女孩才是爱情这条道路上真正的主角，因为上帝所眷顾的只有你。

有着好气质与家世背景的慕兰，一直过着许多女孩梦想中的公主生活，从小到大都不知道何谓人间疾苦。在她二十岁的生日派对上，认识了好友珊珊的表哥澄安，他酷酷的外表，一下子就吸引了慕兰。

尽管慕兰身边从不乏仰慕者，不过对于那些只会献殷勤的有钱公子哥，慕兰完全不将他们放在眼里，反而是对看起来桀骜不驯的型男澄安情有独钟。虽然珊珊曾警告过慕兰，这位表哥没有稳定的收入，又很花心，但慕兰却仍不顾一切与澄安坠入爱河，家人气得要与慕兰断绝关系，她也率性地搬离家中，放弃尊贵的生活，甘心窝在澄安租的小公寓，帮他打点一切琐事。

经过三个月的蜜月期，澄安开始显露出对慕兰的不耐烦，经常一出去就不回家。由于慕兰已与家里断决关系，不但身上没钱，也没有谋生的能力，只好每天以泪洗面等着澄安回家。此时她才恍然大悟，与澄安交往后，她所有的重心全放在对方身上，完全没有自我，现在弄成这样的下场，只能怪自己太过任性。

许多女孩都会说，“我非常重视自己。”但重视不是说说而已，而是以豁达的心态去排解心灵的痛苦。在每一次遭受打击时，都能很快地忘掉曾经的伤害，不过，宽容悲伤并不代表你原谅了那个曾经带给你痛苦的人，而是意味着你懂得保重自己。

作家朱天文曾讲过一段话：“女孩太重要了，重要得难以想象。女孩总是在想着关心别人、迁就别人，其实最需要关心呵护的却是自己。”另一位著名作家张晓风也说过：“女孩在受到伤害时，首先想到的，就是呵护好自己，在‘自己是最重要的’这件

事，女孩必须要树立坚定的信念，这样才能在一次次遭到伤害后，以最快的速度疗伤，走出痛苦的阴霾。”

女孩需要时刻保护好自己，时刻警惕爱情的陷阱，不要轻易付出感情，因为自己才是最重要的，所以你理应受到呵护、得到疼爱，而不应该承受伤害、遭受委屈。完美的爱情是为了你而准备，如果轻视自己，完美也将不复存在。

随时都要拥有自信

不管在任何时候，女孩都要拥有自信，不仅相信自己是最好的，而且在面对各种打击时，也能够成为胜利者；在激烈竞争的社会中，相信自己比别人强；即使暂时的挫折失败，仍相信自己可以拥有幸福。

不过女孩在自信方面遇到最大的考验，最常见的就是爱情上的失败。香港著名女权运动领袖陈方安生女士就曾说过，对于成长期间的女孩来说，一场爱情的失败，沉重的打击有时候远远超过十次考试的失败、五次职场的失败， 因为当全心投入一场感情，最终得到的却是一无所有的结局，或被背叛的下场，这对谁来说都是情何以堪。

每个人的青春都很短暂，经不起挥霍和浪费，爱情的失败意味着多年的青春被耽误，但是在这种情况下，女孩必须要有强烈的自信，只有战胜自己情感的阴霾，才能战胜人生道路上最重要的关口。许多在事业上成功、家庭上幸福的女性，都曾经历过这样的阶

段，并且在这个阶段，战胜了曾经折磨她们的悲伤。例如著名的科学家居里夫人，就是在一次感情失败之后，经过短暂的沉思后走出阴霾，成就了一番事业，最后也找到了能够给她幸福的爱人。

生长在单亲家庭的碧霞，因为父亲早逝，母亲为了要养活她与弟弟，每天都在外面打零工。感觉不到家庭温暖的碧霞，从初中时就经常逃学、逃家，成为师长眼中的问题学生。一直渴望可以自组家庭的碧霞，念高中时竟因偷尝禁果而未婚怀孕，只好辍学结婚，不过毕竟年纪太轻就走入家庭，让双方都适应不良，所以婚姻只维持一年多就宣告结束。

碧霞自己带着女儿辛苦的生活，这时才了解母亲当年的无奈。为了不让这样的状况恶性循环下去，也坚信自己绝对可以再获得幸福，便毅然重拾书本到夜校进修，白天则到一家贸易公司当总机。经过几年的努力，碧霞不仅取得了大学文凭，在工作上也从总机晋升到主管职位。

就在此时，与她共事多年的男同事俊良突然向她表白，说一直以来就对她吃苦耐劳的精神相当钦佩，希望在接下来的日子可以照顾她与女儿。碧霞听完后不禁热泪盈眶，更确信她对幸福掌握在自己手上的坚持是正确的。

每个女孩的生活中，都会遇到形形色色的追求者，也许他们的花言巧语会让你不知所措，但是你一定要坚信，自己会等到属于你的白马王子。

当你遇到一个真心爱自己的男人时，他就会被你吸引，因为你才是属于他的真命天女。所以你不用惧怕任何竞争者，也无须因为担心他不会爱上你就轻易付出一切。你需要用睿智的头脑去判断，相信自己是最优秀的，当然就可以在这段感情中，成为得到幸福的胜利者。

无论顺境、逆境，无论阳光、风雨，无论悲伤、欢笑或任何情况，你都要拥有足够的自信，最后的胜利就会属于自己，因为你是天使，上帝为你安排了寻找真爱的任务，就一定为你安排了命中注定的那个人，找到他、雕琢他，把他变成能够给你幸福、托付终身的人。

当“好朋友”来临时

当女孩的“好朋友”第一次来临时，意味着你将进入生命中的新阶段，也将从此懂得感情，开始了人生里注定的任务。这个“好朋友”每个月都会如约到来，提醒你的使命，也许她会问你，找到幸福了吗？

是的，每个月都会报到的“好朋友”，是带你走进感情的第一扇门的朋友，并将从此长久地伴随着你，直到你完成寻找真爱的任务，并享受了这一段拥有完美爱情的人生。这位最贴心的朋友，也会是见证你在这条道路上，品尝无数悲喜苦乐命运的好友。

当然，有时候她也会成为你触景伤情的“好朋友”，当你遭受感情的欺骗、当你经历人生的坎坷、当你在感情面前迷茫时，你也许会抱怨她为什么要将你引领进这扇感情的大门？为什么从此以后，就不会再有之前那些无忧无虑的生活？有时候你也许会想，当年空有幻想的时光比现在好多了。

但是这些都是注定，因为这一切是在你拥抱幸福之前，必然要经历的阶段，只要跨越过去，前面的路将更宽广。在女孩不谙世事的年龄里，遇到这个“好朋友”，象征你开始迈向成熟阶段，会从女孩变成为女人，开始对爱情有了幻想、迷恋各种爱情童话，开始暗恋高大帅气的男人，憧憬他就是属于自己的白马王子，为自己勾勒种种爱情的蓝图。然而在这个年龄里所有的爱情幻想，虽然会是你未来成长岁月里最甜美的回忆，但也可能会误导你的生活。所以在这时期的一切幻想，都必须建立在冷静的头脑上。

在你真正成为女人的时候，每个月固定的“好朋友”，将是你人生里的警钟。女作家周晓峰就曾在日记里写着：“每当‘好朋友’到来的时候，都仿佛在提醒我，我是一个女孩，我有追求幸福的资本。”

所以当“好朋友”如约到来，不应该认为她是烦恼，相反的，应该将她视为温馨的提醒，而当她让你感到不舒服时，这就是女孩

在寻找感情道路的上必经的过程。人在感情的道路上会遇到很多人，有的很亲密，有的会分道扬镳，但在人生的大多数日子中，这个“好朋友”却永远伴随着女孩，是你不离不弃的朋友。

“好朋友”有时候也许会迟到，有时候也许会悄悄躲藏，但是在人生的路上，她会一直坚定地陪你走下去，从豆蔻年华直到白发苍苍，并会成为你拥抱幸福的最好见证。

学会享受孤独

孤独是人生中必经的阶段，既然无可逃避，不妨就学着享受孤独。

身为女孩，注定要体会爱情的孤独与寂寞。因为女孩多半会存有许多幻想，但是幻想却往往与现实之间存在着巨大的落差，例如当你真心地付出感情，以为付出之后就能够得到对方好的响应，可是一旦爱不对人，所面临的则是情感的伤害。

或许在你周遭有很多男人追求你、包围你，但是这些人当中，却没有一个是你真正的知音，于是喧嚣过后，反而让你感到更加落寞。

所以你需要学会享受孤独，学会在无人关怀、在漫长的孤独中，自己关心自己。或许就在同一时刻，你命中注定的那个人，正在走向和你之间的人生交集，而你要做的就是在他来到之前，继续默默地等待，并且在享受孤独中做好准备。

学会享受孤独的另一层用意，就是自己在遭受到严重的伤害后，学会慢慢抚平伤口，因为幸福将很快会出现，只要你能在享受孤独时，锤炼出一个深沉与大气、善良与智慧的自己。

张爱玲曾说过，一个学会享受孤独的女人，注定会成为懂得享受幸福的女人。在许多女孩成功的道路上，享受孤独都曾是其中重要的一环，女作家琼瑶也说过，“在孤独的日子里，我对孤独从怀疑，到渐渐接近，最后成为了亲密的朋友，在这个过程里我得到了很多，最后拥有了我自己的成就。”

著名女主持人杨澜也坦承，“在美国的那段日子，是我人生里最孤独的日子，但是就在孤独中，我抛弃了烟和酒，选择了冷静地和孤独相处，最后我走出了孤独，成为了孤独的好朋友。”

以上这些人的成功例子，都足以说明女孩不应该害怕孤独，反而应该学会拥抱它，这么做的目的，就是为了最后拥抱幸福。

其实孤独未必是一杯苦酒，在很多时候，甚至是苦口的良药，足够抚平你心中的伤痕，焠炼出你的坚强、自信与无所畏惧，还有上帝将赐予你一片幸福的天空。

面对孤独，是人生中难免要经历的阶段，也是相当重要的课题。不惧怕孤独，懂得在过程中得到快乐、冷静思考的女孩，就是最后走出孤单、得到幸福的人。

“脆弱”是天使的秘诀

是否有人曾经嘲笑过你的脆弱？其实，脆弱是女孩的天性，所以不需要觉得难为情。因为女孩是感性的，不像男性一般具有理性与心机；女孩是纯真的，遇到伤害时，不但伤口深，流血也会更痛；女孩是有梦想的，在梦想与现实之间，面对巨大的落差，失望会越来越大，迷茫也越来越多。因此“脆弱”可说是女孩必然会经历的阶段。

由于女孩拥有天使的身份，而脆弱就是上帝赐给天使的专利。脆弱不是因为无能，而是因为你的单纯善良；脆弱不表示无法承受残酷的现实，而是因为心中，仍保留着一片纯洁明朗的天空。人世间就是有了脆弱才会有感动，但上帝的初衷并不是为了让你感到痛苦。

曾有一年台湾的高考，出了一道作文考题《战胜脆弱》；大陆的高考，也出过一道类似的考题，题目则是《坚韧，我所追求的品格》。其实这两道高考题目，都正好说到一个重点：坚韧，就是

战胜脆弱的最好方式。著名的社会学家吴连明说过，“在承受苦难的能力上，我们不得不承认，有时候女人比男人拥有更强的承受力。”其实这段话，或许可以改成：无数的事实证明，在苦难面前，表面柔弱的女人，有时比看似强硬的男人更坚韧。

台湾早年有部电影《豆花女》，剧中的动人情节，描述的就是女主角金枝是个勤劳又善良的女性，由于丈夫出海时在意外事故中遇难，无依无靠的金枝只好带着女儿到矿山投奔姨妈，为了减轻家中的经济负担，便以卖豆花为生。

有位矿工天柱，也因早年丧偶，独自抚养着儿子金鱼。在朝夕相处下，天柱对金枝产生了感情，透过金枝姨妈的撮合，两个同病相怜的人决定一起生活，以便互相照应。没想到有一天矿坑却突然发生爆炸，天柱在这场意外中为救同伴而炸断了腿。无法承受这样打击的他，变得自怨自艾、脾气暴躁，幸而在金枝的照料下，天柱装上假腿后又站了起来。

原本以为一切都将雨过天晴，一家人总算可以安稳过日子。但在一次巨大的台风中，天柱为了寻找卖豆花未归的金枝，不幸摔死。至此，金枝成为家中唯一的支柱，靠着坚韧的个性与耐力，无怨无悔地担起养活全家的重担。其实这样的故事不只在电影上看得到，现实生活中的各种角落里，也经常可以发现。在遭遇人生的挑战时，女孩所表现的行为都比男人更坚韧。想要成为一个成功的女孩，永远要保留自己心灵深处的那份坚韧，无论再苦都不能放弃希望，相信自己一定可以在一次次的打击下站起来。

所以女孩们并不需要畏惧自己的脆弱，因为那是人生成长必须经过的阶段。有个关于天使翅膀的传说，故事是说，在天使成长的过程中，它的翅膀注定要经过三次断裂，才会从稚嫩走向坚韧。可见得，女孩只要能战胜脆弱，依旧会可以展翅高飞。

脆弱，不是女孩的弱点，而是让你拥有再站起来的力量，只要你能战胜这次的脆弱，回首望去，曾经悲伤的天空，将会出现美丽的彩虹，而你的快乐就珍藏在那未来的幸福当中。

不要让挫折击倒

在飞向幸福的道路上，无论是谁都会遭受挫折，而挫折是属于天使的专利，是每个女孩在寻找幸福的路上，都注定要承受的苦楚。所以女孩只有挥动天使的翅膀，勇敢地、无畏地去闯荡，才能创造出人生无悔的梦想。只要冲得过去，前面的道路注定更加宽广。

其实上帝为了要女孩接受挫折的试炼，苦心安排了无数的考验，有些考验甚至充满了残酷，但这些都是人生必经的，因为没有哪一种感情，能够未经挫折就可以长久；就像没有哪一双翅膀，可以不经过风雨的摧残，就能飞上高高的蓝天。

在感情中，会遇到的挫折更是多不胜数，例如你可能会遇到一个你深爱着的，但是却不爱你的人；或是你付出了一段感情，却遭到无情的欺骗；甚至是你爱上一个大家都反对的人，而让自己变得孤立等。但这一切都不重要，重要的是你非但不能被击倒，还要更加坚强、勇敢地去面对人生。

幸福的爱情，正是为了坚强的你而存在的。

电影《悲情城市》中，梁朝伟曾说过一段台词：一个女人的幸福程度，取决于她对挫折的承受程度。确实，以许多名人为例，能够在人生里获得重大成功的女人，绝大多数都是曾有过痛苦经历，甚至重大挫折的女人。

早年红遍两岸三地的女影星陈冲，留美时，就曾在感情上遭遇重大挫折，甚至一度衣食无着，但即使在这样的逆境下，她依然站了起来，最后让自己成为享誉国际的知名影星。除了她，许多女名人在获得成功的过程中，都经历挫折无数，可见得无论是感情的幸福还是事业的成功，没有人会在一开始就一帆风顺。

也许你会说，我并不想成为名人，只要做一个普通又幸福的女人就好。但是仔细想想，连身为成功的名人都要经过这么多挫折，何况是普通人呢。所以，千万不能轻易让挫折击倒。

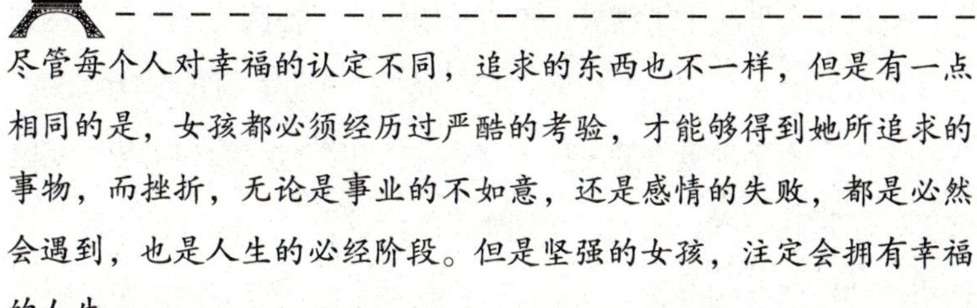

尽管每个人对幸福的认定不同，追求的东西也不一样，但是有一点相同的是，女孩都必须经历过严酷的考验，才能够得到她所追求的事物，而挫折，无论是事业的不如意，还是感情的失败，都是必然会遇到，也是人生的必经阶段。但是坚强的女孩，注定会拥有幸福的人生。

受伤后不妨暂时关闭心扉

既然逃避不了挫折，有时在受伤之后，不妨先暂时关闭心扉。这对女孩来说，是一种最佳的疗伤方式，就像是受了伤的天使，需要在上帝的神殿接受治疗。在这个时刻，女孩就是自己的上帝，也是唯一能够帮助自己疗伤的人。

对于受了伤的女孩来说，此时所有的海誓山盟都已经变得微不足道，梦想在心中全部化成了泡影，这将是人生里最脆弱、最无助的时刻，所以不妨将自己当成深海里的贝壳，暂时封闭，把记忆埋在心中，将受伤的自己裹成一颗灿烂的珍珠。

有位女心理医生丁雪琴，曾有一段论述，她认为，女人在受到伤害后，暂时关闭自己的心扉，有时候是一种非常好的封闭疗法，就好像动了大手术受伤后的病人，必须住在经过消毒的密闭病房里修养一段时间一样。因此，受到伤害的女孩，也可以同样为自己打造一处“疗伤”的空间。从女孩在受伤后走出阴霾的案例中，将会发现好好“疗伤”有多重要。

从小芝勤的个性就十分活泼好动，无论在念书或各项才艺的表现上，都非常亮眼。从小学开始，她一直都是老师与同学眼中的好学生。考上大学后，她的生活更是多姿多彩，校内、校外的追求者从不间断。谈恋爱对她来说根本不是难事，只是个性独立的她，一直还不想定下来。

在大三的时候，班上转来一个男生安邦，忧郁的眼神加上在艺术方面的造诣，激起芝勤和他在一起的想法，但是这个男孩实在太深沉了，芝勤虽然努力想讨好他、配合他，却仍摸不透他的想法。没想到在要升上大四的那年，安邦竟无声无息地消失了。

这件事情让芝勤相当受挫，因为在感情的路上，她向来都是被捧在手心的，没想到第一次主动付出，竟然栽了一个大跟斗。从那时候开始，芝勤封闭了自己的心扉，不再和任何男人讲话，也不参加任何社交活动，下了课就立即回家，做任何事都是独自一人。就这样，经过大约两个多月的时间，大家发现，她又变回过去那个阳光的女孩。芝勤承认，在经过自我封闭疗伤后，她终于再度找到原来的自己。

暂时的封闭，并不意味着永远的隔离，其实是让自己可以仔细的反思，深刻的疗伤。经历感情上的伤害，对女孩来说，就像是在成长的道路上动了一次大手术，借由手术将身体上的病毒消除，换

来一身健康。在疗伤过程中，有助于女孩改掉自己的缺点、增强自己的优点，待伤痛痊愈之后，就会看到一个比从前更开朗、健康、坚强与睿智的女孩，所以女孩一定要学会如何在封闭中疗伤。

采取恰当的疗伤方式也很重要，这样才能帮助自己度过最痛苦的时期。但千万要杜绝像是抽烟、酗酒等不健康的方法，若是采取上网找人聊天抒发情绪的方式，也要有节制，因为在这些做法背后，往往暗藏着新的诱惑。涉世不深的女孩，可能将因此遭到新的伤害，所以在这场封闭的手术中，女孩需要时刻保持冷静的头脑。

其实，伤害并不意味着绝望，而是表示有了下一次希望。只要心中的那一片翅膀还在，伤口注定会被抚平，流出的鲜血也会干涸，你一定能够从这个阶段走出去，迈向更广阔的明天。

女孩，无论经过多少苦痛、打击，记得仍要怀抱着相信的梦想，相信自己是天使，一定会在漫长的自闭中再次展翅高飞。等待自己的，将是那片晴朗的天空。

自我封闭并不意味着与世隔绝，而是象征大浪淘沙后的清醒，这是一个你与自己心灵斗争的过程，各种思想会在脑中翻覆，但是相信自己，受伤的心一定可以康复，并确立一条未来的道路。

活出真正的自己

在寻找真爱的过程中，最重要的就是要活出真正的自己。

很多女孩都喜欢看爱情小说，憧憬小说中人物发生的种种故事，但那些都是虚构的情节。在现实生活中，你或许很羡慕某个朋友有很好的归宿，其实你也可以和她一样拥有相同的结局，只是故事内容会不同，但是你的故事有可能会比她更精彩、更动人，因为那是你独有的故事。

世上有无数人，各自拥有不同的故事，剧情也许欢喜，也许悲哀。你一定曾想过，自己要做哪一种人，然而你却没有选择，因为你注定就是和别人不一样，所以你所拥有的故事，是上帝特意为你安排的。在上帝的眼睛里，每一个天使都与众不同，因此每个天使的故事也绝对不可能一样。

前面几章提到的种种情况，最后只为了一个目的，就是要让每个女孩都活出真实的自己。

有一句谚语说得好：世界上没有两片完全相同的树叶。同样的，世界上也没有一模一样的女孩。在情感的道路上，每个女孩都有属于自己的独特道路，你可以学习那些成功案例，但是不要指望将别人的人生复制在自己身上。你必须要有自己的观点和见解，从中作出选择，别人只能给你建议，唯有自己才能左右自己命运的。

在人生的道路上，你必须要学会坚持己见，相信自己，并且活出自己。想要活出自己，包括了三个概念：第一，你必须有自己的性格，树立属于自己的形象；第二，你必须拥有属于自己的人生，在爱情上拥有属于自己的选择，也就是说，要勇于追求属于自己的真爱，不要被别人的观点误导；第三，你必须拥有自己的特色，包括自己独有的天真、开朗、豁达、优雅……拥有这一切的你，才是独一无二的。

女孩，你需要有足够的自信来坚持自己的判断，果断地作出属于自己的抉择。

不管最后你选择的爱情，是悲伤的结局抑或是喜悦的幸福，在走过这段道路之后，希望你的收获大于遗憾，因为表示你已真正活出了自己。美满的情感，就是在活出自己的足印，最终走向幸福。

想要活出真正的自己，就不要在乎世俗的眼光，不要复制别人的经验，甚至更不用在意流言蜚语，因为上帝为你安排的白马王子注定与他人不同，或许别人的经验里会有你的影子，却不曾有你的故事。

感谢命运让你身为女孩

女孩，可以温柔大方、娴静细心，有着贤妻良母般的体贴让人感到温暖。感谢命运，让你做了女孩。因为身为女孩，所以你是天使，注定要受到呵护，而你也将负起寻找幸福的使命。

如果是男孩，就应该睿智又坚强、开朗又乐观、拥有男子气概，可以让人有安全感，可是因为你不是男孩，所以考试失败后，你大可放肆哭泣，因为你是女孩，所以不用担心别人会说你不够坚强；你更可以被小说里的情节感动，哭得稀里哗啦，因为你是女孩，就不必害怕别人说你太多愁善感。

是的，上天给了男孩许多女孩所没有的东西，可是相对的，也给了女孩许多男孩缺少的东西，所以上天是公平的。

所以女孩，要感谢命运赐给你的女孩的身份；感谢命运送给你每个月都来打招呼的“好朋友”；感谢命运送给你的一次次磨砺和考验；感谢命运在你的生命中安排了无数匆匆的过客，让他们教会

你成长的奥秘、懂得坚强、选择勇敢，使你能在一次次沉浮起落之中又重新站立起来。

女孩，你的命运注定要得到上帝的呵护，所有人都将对你投以羡慕的眼光。想承担起这样的羡慕吗？那就从寻找幸福开始吧，这才不辜负这份羡慕。女孩，这是属于你的恩宠，是上帝对你的命令。相信每一位读过本书的女孩，都知道该如何去寻找自己的幸福。因为这本书，就是写给注定要获得幸福的女孩们。